JN007533

DIGITAL CITIZENSHIP
IN SCHOOL EDUCATION

デジタル・
シティズンシップ

コンピュータ1人1台時代の
善き使い手をめざす学び

坂本旬・芳賀高洋・豊福晋平・
今度珠美・林一真【著】

大月書店

はじめに

　本書は日本で初めてのデジタル・シティズンシップ教育解説書である。この言葉を初めて聞く人も多いだろう。しかし，世界に目を向けると世界中でこの言葉が使われていることがわかる。日本では最先端のデジタル技術を教育に取り入れようとしているにもかかわらず，世界で進められつつある教育理論に対しては十分な研究が行われているとは言いがたかった。本書は，世界標準となりつつあるデジタル・シティズンシップ教育の考え方を紹介するとともに，今後の理論的・実践的研究の礎となることをめざしている。

　日本では，デジタル・シティズンシップに対応する用語として情報モラルがあるが，この2つは似ているものの，基本となる考え方が異なる。本書の執筆者の1人，今度珠美氏は日本各地でデジタル・シティズンシップ教育の授業を行っているが，その冒頭で子どもたちに尋ねることは，「インターネットの良さや可能性を考えてみよう」だという。すると子どもたちはびっくりした表情をする。情報モラルの授業ではこのような質問がされることは決してなく，否定的なことを言われると思っているからだ。そして，この質問に身をのりだすようにして積極的に次々と答えるのだという。この逸話は情報モラルとデジタル・シティズンシップ教育の違いをわかりやすく示している。

　情報モラルは今から35年前の臨時教育審議会で議論され，教育の情報化の影の部分を補うものであり，交通道徳や自動車のブレーキに相当するものとみなされた。このような視点は35年たった今でも基本的には変

わらない。しかし，時代は変わり，教育も変わりつつある。筆者は，文部科学省内のオンライン学習会に講師として招かれ，デジタル・シティズンシップについて解説する機会があった。文科省内での関心のひとつは，主権者教育との関係であった。彼らの熱心さに驚いた。

文科省ではシティズンシップ教育を主権者教育と呼んでおり，シティズンシップ教育はデジタル・シティズンシップの土台である。2019年11月に法政大学で開催されたシンポジウム「デジタル時代のシティズンシップ教育」には，文科省の教科調査官小栗英樹氏が登壇者として招かれ，新教科「公共」とデジタル・シティズンシップについて報告を行っている。

一方，新学習指導要領の英語訳を見ると，情報モラルの英訳がこれまでの「information morals」から「information ethics」へと変更されている。小さなことのようだが，このことには大きな意味がある。「information morals」は英語にはない言葉だが，「information ethics」は学問として確立した概念であり，こちらもデジタル・シティズンシップの土台である。間違いなく，文科省内部でもデジタル・シティズンシップ教育への関心が高まりつつあると言ってよいだろう。

新学習指導要領の情報モラルは，情報活用能力の一部として，デジタル・シティズンシップの要素が含まれているが，デジタル・シティズンシップの中核にあるデジタル・アイデンティティの概念がなく，新しい人間像や市民像を描くことができない。デジタル・シティズンシップの土台にシティズンシップ教育（主権者教育）があることを思い起こす必要がある。デジタル・シティズンシップは単なる情報モラルの言い換えではないのである。

本書のサブタイトルは，「コンピュータ 1 人 1 台時代の善き使い手を
めざす学び」である。これは GIGA スクール構想を意識してつけられた
ものだが，本書の著者の間では，めざすのは「善き社会の担い手をめざ
す学び」であるべきだという意見もあった。この 2 つはどちらも正しい。
デジタル・シティズンシップ教育は，コンピュータの善き使い手ととも
に，社会の良き担い手になることをめざす教育である。

　本書は，5 人の筆者が，これまでの研究と実践の成果をまとめたもの
である。とりわけデジタル・シティズンシップとは何か，デジタル・シ
ティズンシップ教育とはどのような教育なのか，それらをわかりやすく
解説することをめざしている。本書で紹介する教材や指導案は，アメリ
カの NPO コモンセンス・エデュケーションによるデジタル・シティズ
ンシップ教育を元にして日本に対応させたものである。この過程でコモ
ンセンス・エデュケーションのルイサ・サルバン氏らメンバーの方々と
Facebook やメールで連絡を取り，アドバイスや励ましをいただいた。
この場を借りて，御礼を申し上げたい。

　2020年11月

坂本旬

デジタル・シティズンシップ

コンピュータ1人1台時代の
善き使い手をめざす学び

【目次】

第1章

デジタル・シティズンシップとは何か

◉

坂本旬

1 | ポジティブな デジタル・シティズンシップ

　デジタル・シティズンシップ，聞き慣れない言葉だが，日本では「情報モラル」に近い。しかし，その中身は大きく異なる（詳しくは第2章）。「情報モラル」は抑制的だが，デジタル・シティズンシップはポジティブな考え方に基づいている。授業のスタイルもまったく異なる。一般的に「情報モラル」の授業は講堂や体育館に児童生徒を集め，携帯電話会社や教育団体・機関のゲスト講師が講演する方式が多い。「情報モラル」はあくまでも教科授業の枠外扱いである。しかし，デジタル・シティズンシップの授業は，実際にコンピュータを用いて行われることが多く，ICT を活用した授業の一部だと言ってもよい。

　スマートフォンの普及によって，子どもから大人まで日常的にスマートフォンを持ち歩くようになった。高校生はほぼ全員，中学生でも半数の子どもがスマートフォンを所有する。小学生でさえ，親との連絡用として持たされるケースも少なくない。さらに新型コロナによって，学校現場におけるスマートフォンに対する見方が大きく変わった。それまではスマートフォンは教育に関係ないものとみなされていたにもかかわらず，学校と家庭を結ぶ重要なツールになったのである。一部の学校では，タブレット端末をオンライン授業に活用しはじめた。授業に活用できるように1人1台のタブレット端末の整備をめざす「GIGA スクール構想」（GIGA は Global and Innovation Gateway for All の略。2019年度の補正予算に組み入れられた自治体への補助金）は，コロナ禍の影響により，学校で

はなく，家庭で使用することが前提となり，こうした状況を加速化させ
つつある。

　2020年6月に教育情報化振興会（JAPET&CEC）教育ICT課題対策部会
主催の「Withコロナ×GIGAスクール構想における公教育の転機と課
題」オンラインディスカッションというイベントがあった。このディス
カッションの中で埼玉県鴻巣市教育委員会の新井亮裕氏が次のように指
摘している。

　　（子どもに1人1台の端末を持ち帰らせれば）学習外の利用は個人的
　　には必然かなと思っています。とはいっても手放しで子どもに端末
　　を渡すのではなく，デジタル・シティズンシップとか，きちんとし
　　た教育のもとに使わせるのが大前提かなと思っています。行動規範
　　というのは，子どもたちが自分で判断できるようにさせてあげると
　　いうのが学校の役割なのかなと個人的には考えています。

　コロナ禍のもと，休校中にオンライン指導を実施した公立の学校はた
った5％にすぎなかったという話はよく知られた事実である。1人1台
の端末をめざしたGIGAスクール構想も，学校に据え置くのではなく，
1人1台を持ち帰って学習の道具として使うことができなければ，コロ
ナ禍時代には対応できない。このディスカッションでは学習だけではな
く，学校とのつながりが途切れてしまったことにより，子どもたちの不
安が高まった状況も紹介されていた。こうした要因がデジタル・シティ
ズンシップ教育への期待につながっていると言える。
　しかし，これまでの抑制型の「情報モラル」ではこのような状況に対

応できない。デジタル・シティズンシップは2010年ごろから始まった世界的な潮流であり，日本でももはや目を背けることができなくなりつつある。デジタル・シティズンシップがどのぐらいポジティブなのか，よくわかる記事があるので紹介しよう。

　デジタル・シティズンシップの考え方を広めたのがアメリカの国際教育テクノロジー学会（ISTE）である。その詳細については後述することにするが，このISTEが2018年に「生徒の創造と協働，共有を手助けする3つのツール」という記事をネットに掲載している。そのツールのひとつがTwitterであり，残りの2つはプレゼンテーション用のツールである。この実践を行ったのは，ペンシルベニア州ノース・ハンティンドンの高校で外国語とSTEAM（科学，技術，工学，芸術，数学を統合した教育）を教えるレイチェル・ポス教諭だ。「これらのツールを使用して創造し，協力し，アイディアを共有することができます。それらはすべてデジタル市民になるために必要なことです」とポス氏は語る。

　日本の「情報モラル」の授業で，デジタル市民になるためにTwitterを活用する授業を行ったという話は聞いたことがない。典型的な「情報モラル」の授業は，TwitterなどのSNSの不適切な投稿事例を紹介し，その危険性を教えるものである。「情報モラル」教育の役目はそこまでであり，実際にコンピュータを用いてTwitterを使った創造・協働・共有の仕方を教えることはない。

　この話を聞くと，デジタル・シティズンシップはSNSの危険性を教えない教育なのかと思う人もいることだろう。この記事にはISTEの情報教育基準「デジタル・シティズンシップ」の内容が紹介されている。それによると，デジタル市民は，相互に接続されたデジタル世界で生活

し，学習し，働くことの権利，責任，機会を理解し，安全で合法的，倫理的な方法で行動し，模範を示すことだとされる。そしてデジタル・メディアの力を活用して，社会正義と公平性をめざして活動するという。

　デジタル・シティズンシップは何よりも子どもたちの責任感や合法的で倫理的な行動を中心においている。しかし，そのための教え方や考え方が「情報モラル」教育とは異なるのである。

　もうひとつ，デジタル・シティズンシップがポジティブな立場であることを示す例を紹介しよう。それは文部科学省（文科省）の「情報モラル」教材ビデオとデジタル・シティズンシップ教材ビデオの比較である。文科省の「情報モラル」教材ビデオは YouTube から誰でも見ることができる。一方，デジタル・シティズンシップ教材ビデオはアメリカのNPO コモンセンスが作成したものである（詳しくは第 3 章）。この教材は全米で広く使用されている。筆者らのグループはこれらのうちのいくつかに日本語字幕をつけて YouTube に公開しており，誰でも閲覧することができる。ここで紹介する動画もぜひ実際に検索して視聴してほしい。

　まず，文科省の「情報モラル」教材，中学 2 年生から高校 3 年生向けの「身近にひそむネット依存」を紹介しよう。この教材ビデオはドラマ仕立てになっており，現実の生徒が登場することはない。登場するまさや君は寝てもさめてもスマホを手放さない。友だちと待ち合わせをするときもチャットアプリを使い，勉強しているときもスマホを触っている。家族と食事するときも，地震が来ても，お風呂に入っているときも常にスマホを持っている姿が映し出される（画像 1，画像 2）。この教材の解説ビデオによると，ネット依存を克服するためには，けじめをつける，

画像 1

画像 2

出所：「身近にひそむネット依存」文部科学省ホームページ（http://www.mext.go.jp/）

適切な使い方を考える，時間を決めて使うことが必要だと諭す。この教材ビデオの最後には，未成年者の携帯電話やスマートフォン，ゲーム機などの所持を認めたり，勧めたりしているものではありません，と断り書きが表示される。

　一方，コモンセンスによる高校1年生向けの教材ビデオ「オンラインのヘイトスピーチに対抗する」を比較の対象としよう。この教材ビデオは何人もの子どもたちが，ヘイトスピーチについての個人的経験や意見を語るという形式で作られており，「情報モラル」教材ビデオのようなドラマ仕立てではない。登場する子どもたちの人種や民族は多様である。彼らはヘイトスピーチとは何か，どんな問題が起こっているのか，そして自分はどうしたいと考えるのか，さまざまな意見が表現される。このビデオの解説には，生徒自らが課題を認識し，どうすればよいのかその方法を考えさせることが目的だと書かれている。アメリカでは，このように子どもたち自身が意見を主張することをボイスと呼ぶ。

　2つの教材ビデオは目的も手法も大きく異なる。メディア・リテラシ

ーとは伝え方や表現の仕方に注目して背景にある価値観や目的を考える
スキルのことを言うが，メディア・リテラシーの視点から見れば，ビデ
オの表現方法の違いは2つの教育の目的や価値観を表している。デジタ
ル・シティズンシップの教材は生徒に自分で考えさせることが目的であ
り，一方，情報モラル教材は「スマホ依存は悪」という価値を教えるこ
とが目的だと言える。また，デジタル・シティズンシップの教材は生徒
に自分の意見を主張することの大切さを表現しているが，情報モラル教
材にはそうした視点を見ることはできない。悪い事例を見せて怖がらせ，
教材が示した価値を受け入れさせようとしているように見える。解説に
は「一緒に考えましょう」と書かれているが，すでに結論は決まってい
ることを強く感じさせる。「情報モラル」教育には頻繁にルールという
言葉が登場するが，デジタル・シティズンシップ教育にはこの言葉は登
場しない。ルールを守らせることが目的ではないからである。ここには
原理的な考え方の違いがある。

　筆者の授業では，学生たちにデジタル・シティズンシップと「情報モ
ラル」の複数の教材ビデオを見せて，意見交換をした後に感想を発表さ
せた。そのひとつは次のようなものだ。「情報モラルの授業は〈大人が〉
決めた約束を守ることを教えているのに対して，アメリカのデジタル・
シティズンシップ教育では〈自分で〉行動するスキルを獲得させるもの
だと感じました」。また，「情報モラル」教材は「ソーシャルメディアは
悪いものだという偏った思考を押しつける」といった意見もあった。こ
れは学生たちの正直な感想だろう。どちらが良いかを選ばせるとデジタ
ル・シティズンシップのほうが良いとほとんどの学生は答える。この傾
向はどこの大学でも変わらないだろう。学生の1人は，情報モラル教育

は負の面しか見えない，生徒を子ども扱いしていると主張したが，まさにそのとおりである。

　デジタル・シティズンシップ教育は，次第に日本の新聞でも取り上げられるようになってきた。たとえば『教育家庭新聞』は2019年9月に「デジタル・シティズンシップを育む」と題する記事を掲載し，デジタル・シティズンシップを解説するとともに「日本で今，目指されているSTEM人材育成もプログラミング教育も1人1台PC整備も無線LAN環境整備もクラウド活用も，教員研修も教員の働き方改革も大学入試改革も，そのすべては『デジタル・シティズンシップ育成』につながっている。そして，『社会人になってから培えばよい』ものではなくなってきている」と書いている。

　この記事に書かれているように，デジタル・シティズンシップは単なる「情報モラル」の言い換えではなく，STEAM教育や1人1台のPC環境の整備など，ICT教育をより前進させるために不可欠な施策だ。逆に言えば，「情報モラル」教育がICT教育の普及のための理念を持ちえてこなかったとも言える。抑制的な「情報モラル」教育は，子どもたちにSNSの危険性や利用ルールを守らせようとする。一方，デジタル・シティズンシップは未来の市民としてのデジタル・アイデンティティを形成し，必要不可欠な資質や能力の育成を目的にしている。だからこそ，ICT教育と融合しやすいのだ。

　もうひとつ記事を紹介しよう。2020年6月9日の『日本経済新聞』は「正しく理解し社会貢献　デジタルシチズンシップ教育」と題した記事を掲載している。教育現場を実際に取材したうえで，「日本のデジタル教育はこれまで，ネット掲示板でのいじめやSNSを通じた犯罪被害な

ど，負の側面を伝えて警鐘を鳴らす『情報モラル教育』が主流で，子ど
もたちは教員から強制されて学ぶ傾向にあった。それに対し，デジタル
シチズンシップ教育は，自分たちが暮らす地域や国を良くする方法を当
事者意識を持って学ぶ『市民教育』の延長線上にある」と書いている。
ここで言う市民教育は主権者（シティズンシップ）教育を指しており，
政府・文科省も推進している。

　新型コロナウイルスの流行によって，デジタル・シティズンシップが
注目されるようになったきっかけのひとつが，「新型コロナウイルス感
染症緊急事態宣言」下の4月27日，中教審初等中等教育分科会・新しい
時代の初等中等教育の在り方特別部会合同会議でこの言葉が取り上げら
れたことだ。この分科会では新型コロナ禍に見舞われた学校関係者への
提言「全国の学校教育関係者のみなさんへ」が議論された。その中には
1人1台のPC環境を実現する「GIGAスクール構想」の加速化が含ま
れていた。

　この会議でNPOカタリバ代表の今村久美氏が提出した資料には，次
のように書かれている。

　GIGAスクール構想を実現する上で，デジタル前提社会で生きる子
　どもたちがそのリスクを理解し，安心安全に利用しながら可能性を
　広げられるように，「デジタル・シティズンシップ教育」の推進が
　必要。現在の「情報モラル教育」は，個々の安全な利用を学ぶもの
　であるのに対し，「デジタル・シティズンシップ教育」は人権と民
　主主義のための善き社会を創る市民となることを目指すものである。
　それは，個人のモラル教育ではなく，パブリックなモラル教育とも

言える。利用を躊躇させる情緒的抑制から，賢く使う合理的活用ができる人材育成へと，転換をすべきである。

　中教審の分科会でこうした提案がなされたことは非常に重要なことだ。デジタル・シティズンシップ教育を「人権と民主主義のための善き社会を創る市民となることを目指すもの」と定義し，「個人のモラル教育」から「パブリックなモラル教育」という言葉で表現されている。この文書の一番下には，参考文献として「日本におけるデジタル・シティズンシップ教育の可能性」と書かれているが，これは本書の執筆者である坂本と今度（いまど）の2人で書いた論文である。この文書が公開されたのち，この論文の閲覧数が急上昇したことから，中教審で取り上げられたことは，この用語の普及に大いに役立っていると思われる。また，5月25日付『朝日新聞』＆Mオンラインマガジンには今村氏のインタビュー記事が掲載されているが，ここでも今村氏はデジタル・シティズンシップ教育を推進すべきだと語っている。

　欧米でデジタル・シティズンシップ教育に注目が集まっている理由には，もうひとつ理由がある。それは「フェイクニュース」だ。アメリカではデジタル・シティズンシップとメディア・リテラシーを組み合わせた法律が全米各州で準備され，次々に成立している。「フェイクニュース」発信によるロシアのアメリカ大統領選への介入疑惑は，アメリカにおける教育政策にも影響をもたらした。そして，今日の「フェイクニュース」をめぐる問題は，すでに国によっては国防レベルの問題とみなされるまでに至っている。メディア・リテラシーはデジタル・シティズンシップの一部なのである。

アメリカでは2019年10月に「SHIELD」と呼ばれる「フェイクニュース」を用いた外国からの選挙介入への防御を目的とした法案が下院で可決された。この法案にはメディア・リテラシー研究振興が含まれている。

　こうした動向は決してアメリカだけではない。フランスでは憲法審議会が「フェイクニュース」問題に関する報告書を公表し，フランス議会がメディア・リテラシー教育を含む何らかの対応策の検討を始めている。イタリアでは『ラ・レプッブリカ』紙が五つ星運動（イタリアの連立政権を構成するポピュリズム政党）の情報戦略についての報告書を公表し，「フェイクニュース」やフェイク画像がどのように同党のオンライン・キャンペーンに活用されたのか明らかにした。スイスでは2018年に通貨の発行をスイス銀行だけに限定する「ソブリンマネー・イニシアチブ」国民投票が実施されたが，国が行ったキャンペーンにはフェイクニュースが含まれているという議論が湧き上がった。結果的に国民投票はこのイニシアチブを否決した。イギリスではEUからの離脱に賛成するキャンペーンを行っている「ボートリーブ」の戦略担当者がフェイクニュース拡散の調査のために議会に呼ばれたが，それを拒否した。同様に，FacebookのCEOマーク・ザッカーバーグ氏もEU離脱に対してソーシャル・メディアが果たした役割について語ることを断った。このような状況は，ヨーロッパでも「フェイクニュース」が深刻な政治的課題であることを意味している。

　欧州委員会が設立した「フェイクニュース」とオンライン偽情報に関するハイレベル専門家委員会は，2018年3月に最終報告書「偽情報に対する多元的アプローチ」を公表した。その提案には透明性やユーザーおよびジャーナリストのエンパワーメント（力づけ），ニュースメディア

の多様性とサスティナビリティ（持続可能性）などとともに，メディア情報リテラシーをあげ，次のように述べている。

　　　現代の情報時代の文脈の中で，基礎教育コンピテンシー（方向性を持った一連の能力）が工業時代のシティズンシップに対応していたように，メディア情報リテラシー（MIL）はデジタル・シティズンシップにとってきわめて重要なものになりつつある。メディア情報リテラシーは，オンラインのディスコース（言語で表現されたもの），さらにはオフラインにおける批判的思考と良質な個人活動を発展させるためのスタート点であり，基本的なコンピテンシーとなったのである。その目的は表現の自由といった基本的人権に基礎をおくシティズンシップの育成であり，オンライン公共圏における積極的かつ責任ある参加を可能にすることである。

　メディア情報リテラシーはユネスコが提唱した新たなリテラシー概念であり，メディア・リテラシーと情報リテラシーを統合し，デジタル・リテラシーやコンピュータ・リテラシー等を包含したものである。このリテラシーはデジタル・シティズンシップと深く結びついている。
　以下の節では，アメリカ，ヨーロッパ，OECD，ユネスコのデジタル・シティズンシップに対する考え方を見ていこう。

2 アメリカのデジタル・シティズンシップ の9つの要素

　最初に述べたようにデジタル・シティズンシップの考え方を広めたの はアメリカの国際教育テクノロジー学会（ISTE）だ。ISTE は1998年よ り情報教育基準（NETS）を作っている。NETS には生徒向けの NETS-S， 教員向けの NETS-T，管理職向けの NETS-A の3種類があり，NETS-S は2007年および2016年に改定されている。デジタル・シティズンシップ がアメリカ各州の教育政策に取り入れられるきっかけになったのは， ISTE の2007年版 NETS にデジタル・シティズンシップという考え方が 登場したことである。そこには次の6つの基準があった。

- 1　創造性と改革
- 2　コミュニケーションとコラボレーション
- 3　調査と情報フルーエンシー（流ちょうに読み解き，使いこなす 力）
- 4　批判的思考，問題解決，意思決定
- 5　デジタル・シティズンシップ
- 6　技術操作と概念

　6つの基準のうち5つめがデジタル・シティズンシップだが，次のよう に説明されている。

児童生徒は情報技術に関連する人間的，文化的，社会的な問題を理解して，法的，倫理的にふるまうこと。

a．情報や情報技術についての安全で合法的で責任を持った利用を理解して，実践すること。

b．協働や学習，制作活動の効率化に役立つ情報技術の利用に対して肯定的な態度をとること。

c．個人の生涯学習に責任を持つこと。

d．デジタル・シティズンシップに対するリーダーシップをとること。

この基準におけるデジタル・シティズンシップとは，解説に書かれているように「情報技術に関連する人的，文化的，社会的な問題を理解して，法的・倫理的にふるまうこと」ことである。

2016年版は7つの構成要素となった。

1　エンパワーされた学習者

2　デジタル・シティズンシップ

3　知識の構成者

4　革新的デザイナー

5　コンピュテーショナル思考（コンピュータを用いた問題解決思考）

6　創造的コミュニケーター

7　グローバル・コラボレーター（協働する人）

このようにプログラミングを含むコンピュテーショナル思考やグローバルな協働学習の要素が含まれた。そして2のデジタル・シティズンシップについては次のように説明されている。

　　生徒は相互につながったデジタル世界における生活，学習，仕事の権利と責任，機会を理解し，安全で合法的・倫理的な方法で行動し，模範となる。
　　2a．生徒は自らのデジタル・アイデンティティと評判を構築・管理し，デジタル世界における行動の永続性を自覚する。
　　2b．生徒はオンラインでの社会的相互交流を含んだテクノロジーもしくはネット端末を利用する場合は，ポジティブで安全，合法的で倫理的な行為に携わる。
　　2c．生徒は知的財産を使用・共有する権利と義務への理解と尊重を態度で示す。
　　2d．生徒はデジタル・プライバシーとセキュリティを維持するために個人のデータを管理するとともに，オンライン・ナビゲーション（航行）の追跡に利用されるデータ収集技術を意識する。

　この基準ではデジタル・シティズンシップの意味は，「相互につながったデジタル世界における生活，学習，仕事の権利と責任，機会を理解し，安全で合法的・倫理的な方法で行動し，模範となる」こととなった。2007年版に比べてデジタル・シティズンシップの概念が大きく広がり，生活，学習，仕事の基盤としてのソーシャル・メディアを強く意識したものとなった。下位4項目はそれらをさらに具体的にしたものである。

2aはソーシャル・メディアにおけるデジタル・アイデンティティの構築を肯定的に捉えるだけではなく，ソーシャル・メディアでの行動が永続的に残ることについての自覚を促している。2bはソーシャル・メディアにおけるスマートフォンなどの端末の利用を肯定的に捉え，安全，合法的かつ倫理的な使用を促している。2cは知的財産への義務だけではなく，権利についても理解させるものである。そして2dはソーシャル・メディアにおけるプライバシーについての理解とスキルを求めている。

　NETSにおけるデジタル・シティズンシップを学校現場で実践するために書かれた本がマイク・リブル氏による『学校におけるデジタル・シティズンシップ』である。同書は、2007年版NETS-Sが発表された同じ2007年に初版が出版され，その後2011年に第2版，そして2015年に第3版が出版されている。

　この本は教師やライブラリー・メディア・スペシャリスト，テクノロジー・コーディネーター，学校管理職向けにデジタル・シティズンシップの概念および9つの構成要素を解説することを目的としており，研修用ガイドおよび教職員向け基礎レッスンと指導事例で構成されている。リブル氏はこの本の中で，デジタル・シティズンシップが求められるようになった背景について書いており、日本の現状と照らし合わせると，大変興味深い内容となっている。要約しながら，紹介しよう。

　アメリカでは2000年代に情報機器の不適切な使用に対する関心が表面化した。特に問題だったのが携帯電話だという。学校や自治体は先手を打つ必要があった。そこで学校は不適切な情報機器の利用を減らすために利用規程を作り，生徒と保護者に学校のルールを順守させることにし

たのである。しかし，生徒と保護者は内容を十分に理解しないまま利用規程にサインすることが多かったという。

　さらに，もし生徒がその利用規定を守らなかったとしても，学校は生徒の行為に対してほとんど法的手段を持っていなかった。つまり，こうした利用規程が生徒たちの行為を変える効果がないことがわかる。このような状況をふまえて ISTE は NETS の作成に至ったのである。この基準には教師や生徒，管理職が知らなくてはならない情報機器利用の倫理に関する項目が書かれてあり，それがデジタル・シティズンシップであった。

　アメリカでも大きな問題となっていたネットいじめに対しては，リブル氏は次のように書いている。ネットいじめは現実世界のいじめよりも生徒への衝撃が大きく，もしこうしたことが学校の情報機器利用の外で起きた場合，学校がますます生徒を助けられなくなる危険性が大きくなるだろう。さらに，次のように続けている。学校で 1 人 1 台のコンピュータやタブレット端末利用が始まれば，倫理的利用に関わる問題はますます増えていくだろう。学校で情報機器利用時に，何が適切なのか教職員や生徒に教える手助けをする計画が求められる。

　そして次のように述べる。デジタル・シティズンシップという考え方があれば，問題が教室内に制限されなくなる。情報機器の利用は教育を変え，教育者はその対応のために準備する必要がある。そして，デジタル・シティズンシップとは何か，それは教育の中でどこに位置づくべきかという問題をテーマとした教職員研修が世界中で始まったのである。

　こうしたデジタル・シティズンシップに至る過程を見ると，日本で現在問題になっていることと大きく変わらない。決定的な違いは，子ども

たちが保有する情報機器がもたらす問題に対して，デジタル・シティズンシップは利用制限を課す方法では問題の解決につながらないと考える立場だということである。

　この本の最大の功績はデジタル・シティズンシップの9つの要素を定式化したことだ。同書では9つの要素の定義と解説，そして基礎的な問いと事例が掲載されている。ただし，リブル氏はマーティ・パーク氏との共著で，2019年に『学校リーダーのためのデジタル・シティズンシップ・ハンドブック』を刊行しており，前掲書で示したデジタル・シティズンシップの9要素を改訂している。以下，このハンドブックに掲載されている最新の9要素を紹介しよう。それは，1．デジタル・アクセス，2．デジダル・コマース，3．デジタル・コミュニケーションと協働，4．デジタル・エチケット，5．デジタル・フルーエンシー，6．デジタル健康と福祉，7．デジタル規範，8．デジタル権利と責任，9．デジタル・セキュリティとプライバシーである。それぞれの項目で学ぶ内容は以下のとおりである。

1．デジタル・アクセス

　デジタル・アクセスは，情報技術や情報源へのアクセスの公平な分配である。教師と管理者は，学校の構成員のうち，誰がアクセスできて誰ができないのか，意識する。それは学校内だけではなく，家庭も含む。教育関係者は，授業やデータ収集のために，教職員や児童生徒への無料アクセスや家庭用機器を提供する必要がある。

2．デジタル・コマース

　デジタル・コマースは，商品やサービスの電子的売買のことである。デジタル空間での売買やバンキングなど，何らかの方法でお金を使うときに用いるツールや安全対策に焦点をあてる。

3．デジタル・コミュニケーションと協働

　デジタル・コミュニケーションと協働は，電子的な交流と共有された創造活動のことである。ネットの利用者は，他の利用者が自分のメッセージを理解できるように，自分の思いをどのように伝えて共有すればよいのか考える必要がある。自己のアイデンティティの確立に苦しんでいる生徒にとって，情報技術は自分の心の中の声を見つけ，自分自身を表現するのに役立つ。

4．デジタル・エチケット

　デジタル・エチケットとは，電子的な行動基準や手順のことである。わかりやすく言えばデジタル機器を使用する際の他者への配慮である。教師は，デジタル・エチケットを教室の規則や学業目標の一部に含めるとよい。教室でもオンラインでも，他者を意識することは誰にとっても重要である。

5．デジタル・フルーエンシー

　デジタル・フルーエンシーとは，まず情報技術の利用方法を理解し，活用することである。デジタル・フルーエンシーを身につけた児童生徒は，オンラインで否定的なコメントをする代わりに他人をサポートする

といった，良い判断を下すことができる。この項目は，第3版『学校におけるデジタル・シティズンシップ』では，デジタル・リテラシーという用語だった。デジタル・フルーエンシーにはさらに，メディア・リテラシーや「フェイクニュース」と本物のニュースなど良い情報と悪い情報を識別する情報リテラシーやニュース・リテラシーが含まれている。

6．デジタル健康と福祉

　デジタル健康と福祉は，デジタル世界における身体的・心理的な幸福のことである。情報技術は私たちに楽しさを与えてくれるが，自分や他者の必要に応じて使い方をコントロールする必要がある。そうすることで，健康的でバランスのとれた生活を送ることができる。特に1人1台の端末環境にある学校では，児童生徒にとってどの程度の利用時間が適切なのか考えなければならない。

7．デジタル規範

　デジタル規範とは，デジタル世界での行動に対する責任のことであり，問題に対処するための規則の基礎である。現実世界と同じように，オンラインの世界でも，デジタル機器を利用する人々をリスクから守るための仕組みが必要である。学校は，スクールカウンセラーと協力していじめや性的嫌がらせなどの問題に対処しなければならない。学校管理職は，学校や地域でこうした問題に積極的に取り組む必要がある。

8．デジタル権利と責任

　デジタル権利と責任は，デジタル世界のすべての人に保障される権利

とそのために求められる条件である。インターネットへのアクセスやオンラインのアプリケーションや音楽・画像を利用しようと思った場合に生じる著作権などのさまざまな問題について，自分が理解するだけではなく，身の回りの大人にも教え，サポートすることが求められる。教師は，オンラインでも現実の世界でも他者を守ることが必要不可欠なスキルであることを生徒に理解させなければならない。

9．デジタル・セキュリティとプライバシー

　デジタル・セキュリティとプライバシーは，安全性を確保するための電子的な予防である。ウイルスやワーム，ボット（自動プログラム）などは，ユーザーの個人情報の取得を目的として作られており，病気と同じように，あるシステムから別のシステムへと伝わってしまう可能性がある。学校や家庭で端末を使用する際には，このような攻撃を理解し，それを防ぐ方法を意識することが大切である。

　デジタル・シティズンシップ９つの要素に関する2016年の本から2019年の本への改訂の中でとりわけ目につくのは，デジタル・リテラシーがデジタル・フルーエンシーへと言い換えられたことであろう。デジタル・フルーエンシー概念には，メディア・リテラシーと情報リテラシーやニュース・リテラシーにあたる能力が含まれている。これは2016年の米大統領選挙以降，急速に世界中で問題となった「フェイクニュース」現象と，2017年４月制定のワシントン州を皮切りに全米へと拡大しつつあるデジタル・シティズンシップ法運動が大きな影響を与えたと考えられる。ワシントン州で制定されたデジタル・シティズンシップ法は，デ

ジタル・シティズンシップとメディア・リテラシー教育支援を統合した法律であった。

　新型コロナ禍におけるアメリカの動きについても紹介しよう。オンラインマガジンの「EdNote」にISTEの政策担当者のジ・スソン氏のインタビュー記事が載っている。そこには新型コロナ・パンデミックにより，何百万人もの生徒がオンラインで交流するようになったため，効果的なデジタル・シティズンシップ育成が重要であること，ディグシトコミット（DigCitCommit）連合の5つのコンピテンシーを含んだデジタル・シティズンシップ教育がいくつかの州で拡大していること，バージニア州では，制限を厳しくするのではなく，デジタル・シティズンシップを通した学生の主体性育成を中心に据えていることが述べられていた。

　そしてバージニア州教育長のジェームズ・レーン氏のインタビューが続く。バージニア州は，閉校中も学校が再開したときも生徒に必要となるスキルを構築していること，重視するスキルのひとつがデジタル・シティズンシップであること，すべての卒業生が5C（クリティカル・シンキング，クリエイティブ・シンキング，コミュニケーション，コラボレーション，シティズンシップ）を身につけることを明確化したこと，自治体のリーダーは，教師，教員養成関係者，企業，政策立案者と一緒になって共通のビジョンを構築することに焦点をあてるべきだと彼は述べている。

　ディグシトコミット連合の5つのコンピテンシーとは，インクルーシブ，情報力，活動参加，バランス，アラートだ。デジタル・シティズンシップは「してはいけないこと」を集めたものではない。「インクルーシブ」とは多様な視点に対してオープンであり，ネット上の他の人を尊

重し，共感すること，「情報力」とはデジタル・メディアやソーシャル・メディアの投稿の正確さや妥当性を評価すること，「活動参加」とは，市民活動にテクノロジーを用いて，問題を解決し，世界のために良いことをすること，「バランス」とはオンラインとオフラインでの自分の時間と活動の優先順位をつけることができること，そして「アラート」とは自分の安全を確保し，オンラインの他の人のために安全な場所を作る方法を知っていることである。ISTE のデジタル・シティズンシップと同様に，情報リテラシーやメディア・リテラシーの視点が加わっていることに注目すべきだろう。

3 ヨーロッパの デジタル・シティズンシップ

　デジタル・シティズンシップは決してアメリカだけのものではない。現在では世界中に広がっている。まず，ヨーロッパの事例を見よう。欧州評議会は2016年３月にデジタル・シティズンシップに関する専門家委員会を設置し，デジタル・シティズンシップ教育プロジェクトを立ち上げた。このプロジェクトは欧州評議会の長年にわたる民主的シティズンシップのための教育と人権教育プログラムの成果を土台としたものである。そして，委員会は２年間かけて2000年から2017年までの資料や文献を検討したうえで勧告を行った。それが以下の７点である。

　1　デジタル・シティズンシップと他の関連用語について，明確な
　　　定義を行うこと。

2　学校管理者，教師，生徒，保護者のための制度的・法的責任の
　　所在を明確にすること。

3　デジタル・シティズンシップ施策に家庭を包含するよう最大限
　　の努力をすること。

4　学校にデジタル政策担当者をおくこと。

5　指導案を作り，強く関心を引く教材を使って学ぶ事例を用いて
　　解説すること。

6　何らかの傾向やポジティブまたはネガティブな副作用を検知す
　　るモニタリング・メカニズムを導入すること。

7　価値観や態度，スキルおよび知識，批判的理解を教えるための
　　教育発達研究を実施すること。

　このような経緯を経て欧州評議会は2019年に「デジタル・シティズン
シップ教育ハンドブック」を公開した。ISTE との違いは，明確にデジ
タル・シティズンシップを民主主義とシティズンシップ教育として位置
づけている点である。同ハンドブックの序文によると，欧州評議会は過
去四半世紀にわたってデジタル環境における子どもの権利保護と教育
的・文化的機会の促進を行ってきたという。近年になり，民主主義文化
のためのコンピテンスと密接に結びついた枠組みのもとで，アクティブ
なデジタル・シティズンとして子どもたちをエンパワーする活動をそこ
に組み込んだのである。その目的は「文化的に多様な民主主義社会の中
で平等な存在として共に生きる」市民として子どもたちに準備させるこ
とである。

　しかし，専門家委員会の報告書によれば，専門家や教師の間で「イン

図1　民主主義文化のための20のコンピテンス

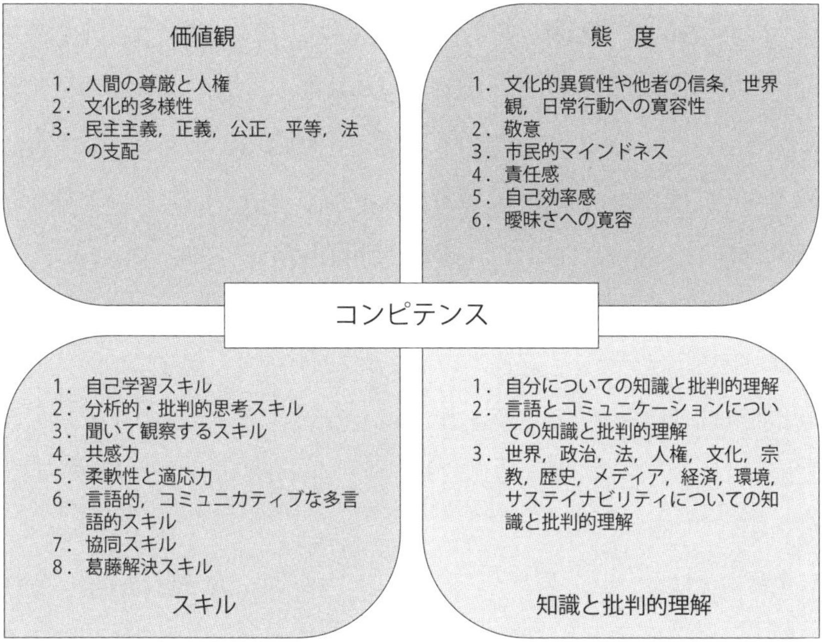

価値観

1．人間の尊厳と人権
2．文化的多様性
3．民主主義，正義，公正，平等，法の支配

態　度

1．文化的異質性や他者の信条，世界観，日常行動への寛容性
2．敬意
3．市民的マインドネス
4．責任感
5．自己効率感
6．曖昧さへの寛容

コンピテンス

1．自己学習スキル
2．分析的・批判的思考スキル
3．聞いて観察するスキル
4．共感力
5．柔軟性と適応力
6．言語的，コミュニカティブな多言語的スキル
7．協同スキル
8．葛藤解決スキル

スキル

1．自分についての知識と批判的理解
2．言語とコミュニケーションについての知識と批判的理解
3．世界，政治，法，人権，文化，宗教，歴史，メディア，経済，環境，サステイナビリティについての知識と批判的理解

知識と批判的理解

ターネットの安全」として言及されるものと多元的でより主体的なシティズンシップの「価値観，態度，スキル，知識」の発達との混同が数多く見出されたという。このような経緯から，保護主義的な政策からエンパワーメント重視の政策への転換を明示するために，欧州評議会は民主主義的な文化のための４つのコンピテンスを土台とし，３分野10領域を持つ欧州型デジタル・シティズンシップを構想したのである。

　まず，民主主義文化に求められるコンピテンスとして４種合計20の能力や態度があげられる（図１）。第１の項目が価値観であり，「人間の尊厳と人権」「文化的多様性」「民主主義，正義，公正，平等，法の支配」の尊重，第２項目が態度であり，「文化的異質性や他者の信条，世界観，

日常行動への寛容性」「敬意」「市民的マインドネス（気持ち）」「責任感」「自己効率感」「曖昧さへの寛容」である。第3項目はスキルであり，「自己学習スキル」「分析的・批判的思考スキル」「聞いて観察するスキル」「共感力」「柔軟性と適応力」「言語的，コミュニカティブな多言語的スキル」「協同スキル」「葛藤解決スキル」，第4項目は知識と批判的理解であり，「自分についての知識と批判的理解」「言語とコミュニケーションについての知識と批判的理解」「世界，政治，法，人権，文化，宗教，歴史，メディア，経済，環境，サステイナビリティについての知識と批判的理解」である。ハンドブックではその図式の形から民主主義文化コンピテンスの「蝶」と呼ばれ，デジタル・シティズンシップの土台をなしている。

　土台の上に乗るデジタル・シティズンシップは，3分野10領域に分けられる。3分野は「オンラインになる」「オンラインでのウェルビーイング（幸せであること）」「オンラインの権利」である。第一分野の「オンラインになる」には，アクセスとインクルージョン（包摂），学習と創造性，メディア情報リテラシーである。第2分野の「オンラインでのウェルビーイング」では，倫理と共感，健康と福祉，eプレゼンスとコミュニケーション，そして第三分野の「オンラインでの権利」には積極的な参加，権利と責任，プライバシーとセキュリティ，消費者アウェアネス（意識）がある。これら10の領域がデジタル・シティズンシップの領域を構成している（表1）。

　さらに，デジタル・シティズンシップの10領域を支える柱が政策，ステークホルダー，ストラテジー，インフラとリソース，評価である。これらの全体像を描いたものがデジタル・シティズンシップ・コンピテン

表1　デジタル・シティズンシップの3分野と10領域

オンラインになる	オンラインでのウェルビーイング（幸福であること）	オンラインでの権利
アクセスとインクルージョン	倫理と共感	積極的な参加
学習と創造性	健康と福祉	権利と責任
メディア情報リテラシー	eプレゼンスとコミュニケーション	プライバシーとセキュリティ
		消費者アウェアネス（意識）

図2　デジタル・シティズンシップ・コンピテンス発達の欧州評議会モデル

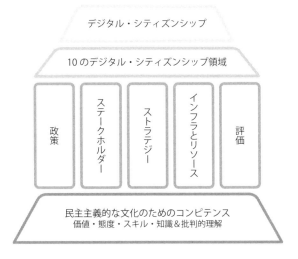

ス発達の欧州評議会モデルである（図2）。

　デジタル・シティズンシップの欧州評議会モデルでは，当初からユネスコが提唱するメディア情報リテラシーが組み込まれていることがわかる。同ハンドブックによると，メディア情報リテラシーは「批判的思考

者として，デジタル・メディアを通して創造性を解釈，理解，表現する能力」に関わるものである。そして「メディア情報リテラシーは，教育および私たちを取り巻く環境との持続的相互交流を通して発達を促す必要がある。それは，単に何らかのメディアを活用『できること』というレベルを超えるために不可欠なものであり，何かについて単に『情報を得ている』以上のものである。デジタル市民は自らのコミュニティに有意義かつ効率的に参加するために，積極的かつ批判的に考える態度をとらなくてはならないと述べられている。

　欧州評議会は2020年に「デジタル・シティズンシップ教育研修資料集」を公開した。これは，デジタル・シティズンシップ教育を担う教職員やNPOスタッフ，保護者，学生などのために用意された資料集である（有料）。研修の具体的な方法がまとめられており，日本でも活用できるだろう。この資料集は「デジタル・シティズンシップ教育ハンドブック」に基づいて書かれており，基本的な用語についてよりわかりやすく解説されている。

4 ｜ OECDとユネスコの デジタル・シティズンシップ

　OECDは2019年に報告集『21世紀の子どもの教育——デジタル時代の情緒的ウェルビーイング』を公開している。この報告書は誰もがスマートフォンを所有するようなデジタル時代の子どもたちにどんな教育が求められるのか，OECD加盟国の現状調査を基礎としてまとめた提言となっている。その中でもデジタル・シティズンシップやデジタル・リテラ

シー，レジリエンス（強じんさ）の重要性が強調されている。

　OECD は独自にデジタル・シティズンシップ概念を定義したわけでは
なく，これまで一般的に欧米で使われてきた定義を集約して使用してお
り、報告書には次のように書かれている。

　　世界中の国の教育制度では，デジタル・シティズンシップがますま
　す重視されつつある。学問研究や政策の世界では，さまざまな定義
　がもたらされたが，広い意味でのデジタル・シティズンシップとは，
　デジタル・テクノロジーの利用に関する行動規範として概念化でき
　る。それには，教育的能力と技術的能力の両方が必要であり，技術
　へのアクセスも必要である。さらに，デジタル市民は，オンライン
　とオフラインのコミュニティに積極的かつ責任感を持って関わるた
　めの能力が求められる。デジタル・リテラシーの定義に他者への敬
　意と寛容な行動とともに，オンラインでの市民参加を含めるべきだ
　と主張する研究者もいる。

　報告書は大変長いため，よりわかりやすくデジタル・シティズンシッ
プを解説したパンフレット「デジタル市民としての21世紀の子どもた
ち」が用意されている。デジタル・シティズンシップに対する OECD
の考え方を理解するためにはこのパンフレットが便利である（画像3）。
　OECD はデジタル市民としての21世紀の子どもたちの教育に必要な3
つの歯車を提示する。それが以下の3点である。

　　• デジタル技術へのアクセスを可能にする

画像3

出所：「デジタル市民としての21世紀の子どもたち」OECD

- デジタルおよび社会的・情緒的スキルを構築する
- デジタル・シティズンシップを育成する

　デジタル技術へのアクセスは決して平等ではない。コロナ禍における日本の学校の現状が示したように，家庭からのアクセスができなかったり，学習に使用できる端末を持たなかったりする家庭も少なくない。また，すべての教師や保護者が最新の技術知識を持っているわけではない。

　OECDは機器を共有するのではなく，個々人がコンピュータを所有する形態が一般的だと指摘し，その方法としては以下の2つをあげている。学校内だけで端末を使用する形態は推薦されていないことに留意する必

要がある。

1　子どもたちが学校もしくは家に持ち帰って使用できるデバイス
　　の提供
2　BYOD（Bring Your Own Device）――自己所有デバイスの持ち
　　込み

　そして，「どのようなアプローチを採用するにしても，社会的不平等
や格差を緩和することは，あらゆる政策の最優先事項でなければなりま
せん。機器への平等なアクセスを確保し，排除するような慣行は避ける
べき」と指摘されている。社会的不平等や格差のために，機器へのアク
セスそのものを排除してしまうようなやり方は本末転倒だと言える。
　次に OECD は，子どもたちのデジタル・スキルの発達保障の重要性
を指摘する。平等なアクセスが実現できても，すべての子どもたちが効
果的に端末を操作できるわけではないからである。
　また，デジタル・スキルに不可欠な要素として，コラボレーション
（協働）や感情のコントロール，積極的な経験などの社会的・情緒的ス
キルが必要だと述べられている。ソーシャルスキルと情緒的スキルは，
以下の点で重要な役割を果たす。

⑴感情的な幸福感の課題に対処し，課題がもたらす危険を予防する
⑵積極的な子どもの発達を育む
⑶社会的な交流を高め，友だちを作る
⑷現実世界とデジタル環境におけるレジリエンス（強じんさ）の構

築

　デジタル・スキルの発達は，社会的・情緒的スキルの発達によって補
完される。これらのスキルはデジタル・シティズンシップの基礎となる。
OECD は，子どものウェルビーイングと社会的発達を促進するうえで重
要なのは，社会的・情緒的スキルを強化することであり，デジタル環境
と現実世界の環境で，すべての子どもたちが他者を受け入れる力を育む
ことができるようにすべきだと指摘している。

　OECD は，積極的で倫理的なデジタル世代の育成のために，子どもた
ちが積極的かつ責任を持って社会に参加できるようにする必要があると
いう。そして，デジタル・シティズンシップは，デジタル技術の利用に
関する行動規範として理解することができると述べている。デジタル・
シティズンシップには，以下のものが含まれるという。

　(1)デジタル技術に十全かつ積極的に関わること（アクセスとスキル）
　(2)積極的かつ責任ある参加（エンパワーメントとエチケット）
　(3)フォーマル，ノンフォーマル，インフォーマルの文脈での生涯学
　　習（リスクマネジメントとレジリエンス［強じんさ］を含む）。

　OECD の提言は加盟諸国の政策や実践調査を土台にしている。それだ
けに強い説得力を持つ。
　一方，ユネスコは OECD よりも早く，2016年にデジタル・シティズ
ンシップ教育に関する「ポリシーレビュー」を公開している。それによ
ると，「教育政策を担う数多くの国々の政治家や行政担当者は，子ども

たちのリスクを少なくする ICT 教育から，子どもたちが ICT を効果的
かつ責任を持った使い方ができるように，子どもへの意識づけと批判的
思考の育成を支援する方向へ政策を転換させてきた。最も新しいアプロ
ーチは『デジタル・シティズンシップ』への支援政策である」と書かれ
ている。つまり保護主義からエンパワーメント主義への転換なのである。
このレビューにはユネスコによるデジタル・シティズンシップの定義も
書かれている。

　それによると「情報を効果的に見つけ，アクセスし，利用，創造する
能力であり，他の利用者ととともに積極的，批判的，センシティブかつ
倫理的な方法でコンテンツに取り組む方法であり，そして自分の権利を
意識しつつ，オンラインおよび ICT 環境に安全かつ責任を持って航行
する能力」とされている。

5 ｜ 日本のデジタル・シティズンシップを考える

　アメリカ，ヨーロッパ，OECD，ユネスコのデジタル・シティズンシ
ップに対する考え方を見てきたが，それぞれ特徴がある。アメリカの
ISTE のデジタル・シティズンシップは学校現場に即した実践的なもの
である。ISTE の情報教育基準はアメリカ各州の自治体における情報教
育政策で参考にされることが多いのがその理由だ。特に 9 つの構成要素
はそのまま学校のカリキュラムに導入することができる。また，アメリ
カでは NPO のコモンセンス・エデュケーションが無料の教材や指導案
を作成しており，全米で使用されている。全米各地で拡大しつつあるデ

ィグシトコミット連合も州政府のデジタル・シティズンシップ教育政策を後押ししている。こうした背景として，デジタル・シティズンシップやメディア・リテラシー教育を後押しする連邦政府や州政府での支援法が次々と制定されていることも大きい。アメリカ全土でデジタル・シティズンシップ教育が実践されていることがよくわかる。

欧州評議会のデジタル・シティズンシップ教育政策はアメリカから一歩遅れて始まった。その大きな特徴は民主主義の強調だ。もちろんアメリカのデジタル・シティズンシップにもその視点は含まれているが，ヨーロッパのほうがより強い。欧州評議会には EU よりも数多くの国が参加しており，民主主義文化の涵養が土台として位置づけられ，デジタル・シティズンシップ教育それ自体が国際的な教育政策となっている。

OECD がデジタル・シティズンシップを打ち出したことは日本にとっても大きな意味がある。日本の教育政策は国際的な学習到達度調査である PISA を通して OECD の影響を大きく受けているからだ。OECD のデジタル・シティズンシップ政策は当然 PISA やその他の国際比較調査に反映されることだろう。それは日本への大きな圧力となる。

一方，ユネスコは早くからメディア情報リテラシー・プログラムやグローバル・シティズンシップ教育プログラムを推進している。また，グローバル・シティズンシップ教育は国連人権宣言を土台に，2030年を達成目標年とした SDGs の一環として位置づけられた教育プログラムである。2015年の仁川宣言はグローバル・シティズンシップ教育に関する最も新しい宣言であり，人間中心のビジョンと人権と尊厳，社会的正義，包括性（インクルージョン），保護，文化，言語および人種の多様性に基づく開発が盛り込まれている。デジタル・シティズンシップ教育は，グ

ローバルな視点から見れば，ユネスコのメディア情報リテラシーやグローバル・シティズンシップ教育政策の一部だと見ることができるだろう。

　日本の教育政策にはデジタル・シティズンシップの概念が存在しないが，世界の議論や政策の潮流を見れば，いずれ教育政策上の課題となることは避けられないだろう。冒頭で述べたように，現状の「情報モラル」教育はインターネットの安全に重きをおいた保護主義的な色合いの濃い施策であるが，他方では1人1台のPC施策を推進しており，そこには矛盾がある。保護主義を前提とすれば，学習道具としての情報機器活用は学校内に閉じ込められるか，教具的活用の補助手段にしかなりえないだろう。「情報モラル」は「情報社会で適正な活動を行うための基になる考え方と態度」だが，デジタル・シティズンシップは能力であり，スキルである。脅かして抑止するという発想では，これからのグローバルな世界を生きる子ども・若者を育てることは困難だ。

　日本でデジタル・シティズンシップ教育を実現させるためには，すでに日本の教育政策として推進されつつあるシティズンシップ教育との接合を検討する必要がある。それは欧州評議会が取り組んだ方法であり，デジタル・シティズンシップ・コンピテンス発達をめざす欧州評議会モデルが示すように，一貫性と体系性を持たせることが可能である。

　日本の場合，次期学習指導要領によって新設される高校必修科目「公共」がその可能性を持つと考えられる。学習指導要領によれば，「公共」の目的は「人間と社会の在り方についての見方・考え方を働かせ，現代の諸課題を追究したり解決したりする活動を通して，広い視野に立ち，グローバル化する国際社会に主体的に生きる平和で民主的な国家及び社会の有為な形成者に必要な公民としての資質・能力」の育成である。さ

らに注目すべきは,「自立した主体としてよりよい社会の形成に参画する私たち」という領域において,「情報に関する責任や,利便性及び安全性を多面的・多角的に考察していくことを通して,情報モラルを含む情報の妥当性や信頼性をふまえた公正な判断力を身に付けることができるよう指導する」と記載されている点である。

イギリスのシティズンシップ教育の提唱者として著名なバーナード・クリック氏によれば,シティズンシップ教育の目的のひとつは政治リテラシーの育成であるが,彼は政治に関する情報の多くがメディアからもたらされていることを指摘したうえで,「学校の役割は,生徒がこうした情報を批判的に扱うのを手助けし,また,生徒が自分の意見を持ち,他者の意見を尊重し,責任ある仕方で効果的に参加する意思と手段を持つよう手助けすること」だと指摘している(『シティズンシップ教育論——政治哲学と市民』91頁)。

スマートフォンを持ちはじめた子どもたちは,すでに公共空間で生きることを余儀なくされている。しかし,彼らはプライベートとパブリックの違いやそれらが意味することについて,学ぶ機会をほとんど持っていない。インターネットの安全を中心とした保護主義的な教育だけでは対応が困難である。だからこそ,欧米を中心に世界中の国々が保護主義からエンパワーメント中心のデジタル・シティズンシップ教育へと進路を変えつつあると言える。シティズンシップ教育としての「公共」は本来高校で初めて学ぶのではなく,スマホを持ちはじめる前から一貫性と体系性を持って教えられるべきである。

参考文献

Council of Europe, *Digital Citizenship Education Handbook: Being online, Well-being online, Rights online,* 2019

Council of Europe, *Digital Citizenship Education: Trainers' Pack,* 2020

OECD, 21st Century Children as Digital Citizens, 2019

OECD, *Educating 21st Century Children: Emotional Well-being in the Digital Age,* 2019

Ribble, Mike, *Digital Citizenship in Schools: Nine Elements All Students Should Know* (3rd ed.), Intl Society for Technology in educ，2015

Ribble, Mike& Park, Marty, *The Digital Citizenship Handbook for School Leaders: Fostering Positive,* Interaction Online, Intl Society for Technology in educ，2019

UNESCO, *A Policy review: Building Digital Citizenship in Asia-Pacific through Safe, Effective and Responsible Use of ICT,* 2016

クリック，バーナード『シティズンシップ教育論――政治哲学と市民』関口正司監訳，大河原伸夫他訳，法政大出版局，2011年（原著2000年）

坂本旬・今度珠美「日本におけるデジタル・シティズンシップ教育の可能性」『生涯学習とキャリアデザイン』16巻1号，法政大学キャリアデザイン学会，2018年

文部科学省「初等中等教育分科会（第125回）・新しい時代の初等中等教育の在り方特別部会（第7回）合同会議　会議資料」2020年

第 2 章

情報モラルから
デジタル・シティズン
シップへ

◉

芳賀高洋

1 | シティズンシップの哲学
——高い理想と目標

　2000年代半ば頃までのデジタル・シティズンシップは「情報技術を利用する適切で責任ある行為規範」と定義され，日本の情報モラルとさほど大きな差は見られなかった。

　しかし，第1章で見たように，近年，欧米で取り組まれているデジタル・シティズンシップ教育は，その思想や教育の手法，社会的課題に対するアプローチが大幅にアップデートされている。

　今や，デジタル・シティズンシップ教育は，教科を選ばず共通に学ぶことができるユニバーサルな教育であり，ある特定の国や地域に特化した教育ではなく，グローバル・スタンダードな教育となっている。

　そして，その教育手法は，非常に学習者中心主義的なものに変化を遂げた。

　デジタル・シティズンシップ教育では，指導者も学習者も公平に学びの当事者となる。

　デジタル・シティズンシップ教育の学習者は，他者との対話を通して，ある問題に対する理解が人それぞれ異なること——多様性を認めつつ，みなが主体的に，各問題に対して言語的に「参加」していく。

　デジタル・シティズンシップ教育の指導者は，ネット・トラブルに巻き込まれる恐ろしいケースを紹介してむやみに児童生徒を怖がらせる注意喚起はしない。「相手の気持ちを考えましょう」という安易なまとめ方をすることもない。指導者自らICTを前向きに使いながら，模範的

な言動や態度をとることが求められる。そして，答えが出せずとも問題に対してクリティカルに考え，対話をし続けることが大切であると学習者の背中を押し，たまにはゆっくり考えようか，と学習者と一緒に立ち止まり，オープンエンドな学びを促す。

　反対に言えば，デジタル・シティズンシップ教育は，指導者も学習者も，大人も子どもも，それぞれの理解に基づき，「参加」することによってしか成立しえない教育——社会的構成主義の性格を持つ。

　そして，それは，シティズンシップ（市民性）そのものが，年齢，性的特徴，社会的・経済的地位，人種や身体的特徴の別なく，みなそれぞれの立場から物事をクリティカルに考え，それぞれの理解に基づきながら，積極的に社会参加することによってでしか成立しえない「高い理想と目標」を持つことに起因する。

2 ｜ 情報モラル教育の閉塞感

　対して，情報モラル教育は，デジタル・シティズンシップ教育よりもだいぶ長い30年以上の歴史を持つ。現代社会において非常に大切な教育テーマであると教育関係者の多くが認識している。

　だが近年は，むしろ相対的に退化したかのような閉塞感がある。なぜならば，日本独自の定義づけや考え方で「生徒指導的」な情報モラル教育が盛んになり，学習と分断された生徒指導として児童生徒の家庭生活まで管理・監督・監視する傾向が，かえって教育現場の「重荷」となっていると感じられるからである。

教師が懸命に情報モラル教育を実践しても，他の地域や学校の児童生徒がネット絡みの事件を起こせば世間が過剰反応し，学校はより生徒指導的な情報モラル教育が必要だと，さらに後ろ向きの対応になる社会構造の罠に陥っているようにも見える。

　その一方で，世界的に学校教育や家庭学習でのICT利活用が推進され，それを抑制するような情報モラル教育は，日本の教育情報化の「足かせ」にさえなっている。

　ただし，学習指導要領に示される情報モラルの定義や概念は，決して退化しているわけではない。また，歴史的に見ても閉塞感が増しているわけでもない。

　2018年告示の高等学校学習指導要領解説の「情報編」では，情報モラル，および，情報モラルの育成のための学習方法について，次（枠内）のように説明されている（傍線と丸数字は筆者）。

　情報モラルとは，「情報社会で適正な活動を行うための基になる考え方と態度」であり，具体的には①他者への影響を考え，人権，知的財産権など自他の②権利を尊重し情報社会での③行動に責任をもつことや，犯罪被害を含む危険の回避など，情報を④正しく安全に利用できること，コンピュータなどのICTの使用による⑤健康との関わりを理解することなどである。また，大量の個人情報を扱ったり，公共性の高い情報通信ネットワークシステムを開発したり，維持・管理したりする情報産業に携わる職業人には，それに応じた職業人としての倫理観が必要である。

　これらを育成するには，⑥何々をしてはいけないというような対処的なルールを身に付けるだけではなく，それらのルールの意味を正しく理解し，新たな場面でも正しい行動がとれるような考え方と態度を身に付けることが必要である。これは，特定の内容において指導すれば済むことではなく，⑦授業全体を通して育

成を図らなければならない。そのためには，様々な場面において適切な行動がとれるよう，⑧生徒自らが考え，討議し，発表し合う学習活動を多く取り入れるなどして，単なるルールの理解の指導にならないようにすることが大切である。

このように，最近のデジタル・シティズンシップと比較すれば，めざす理想像やスケールはずいぶん小さいものの，特に以下の点は，デジタル・シティズンシップと共通する考え方であると言える。

　①他者への影響を「考える」こと

　②権利を「尊重する」こと

　③行動に「責任をもつ」こと

　④正しく「安全に利用できる」こと

　⑤健康との関わりを「理解する」こと

　そして，⑦，⑧はデジタル・シティズンシップ教育で最もスタンダードな学習者参加型の学び方であるとも解釈できる。

　ところが，教育現場で行われる情報モラル教育の多くが，内容面では④安全と⑤健康に偏重し，方法としては，⑥何々をしてはいけないという指導になっている実態がある。そうした実態があるからこそ，そうならないように学習指導要領に明記されているとも言える。

　特に情報科が教育課程に設置されていない小中学校での情報モラル教育は，今や「行動主義的な生徒指導」に乗っ取られてしまった感がある。

　なぜならば，夏休み前などに特別に開催する「情報モラル安全教室」で，生徒指導担当の教員や警察のサイバー犯罪担当者らが，危険で不健康なネットはできるだけ使わないようにと注意することが，ここ数年で代表的な情報モラル教育実践として定着したからである。

情報モラル安全教室では，一般に，スマートフォンやインターネット
を使って犯罪に巻き込まれたり危険な目にあったり「しない」，生徒指
導されるような危険なことや違法行為を「しない」，スマートフォンを
使いすぎたりゲームに熱中しすぎたり「しない」，のように「〜しない」
という指導が行われる。

　そして，ICT を使用する時間をできるだけ短くするルールを自分（家
庭）で決めることや，ICT を使う代わりに，読書をしたり，対面での外
遊びや自然体験，部活動（スポーツ）をしたりする時間を多くとる「健
全な生活」が推奨される。

　また，ネットを長時間使う子どもの学力調査の点数が低い傾向があ
る[1]という理由から，ネットやゲームの長時間利用を注意喚起するチ
ラシや学校便りが定期的に児童生徒（の保護者）に配布されている。
「ノーメディア・ウィーク」や「ノースマホ・デー」を家庭に呼びかけ，
段階的に ICT の使用を抑制する取り組みも行われている。加えて，た
とえば，2020年4月，香川県では子どものスマートフォンやゲーム機の
利用時間を制限する「ネット・ゲーム依存症対策条例」が物議を醸しつ
つ施行されたりもしている。

　他方，2017年告示の小学校学習指導要領では，以下（右上の枠内）の
ように情報モラルは「情報活用能力」に含まれるとされる。2010年の文
部科学省『教育の情報化に関する手引き』に示された小学校の情報活用

（1）　負の相関関係があるとされるが，その因果関係は識者から疑問が呈されてい
る。また，子どものネット利用がまだ普及していない2000年代の学力調査の低学力
層の比率は，スマートフォンが普及した現在と変わらないため，単にスマートフォ
ンがスケープゴートにされているだけではないかという見方もある。

平成29（2017）年告示小学校学習指導要領

第1章　総則

第2章　教育課程の編成

2　教科等横断的な視点に立った資質・能力の育成

⑴　各学校においては，児童の発達の段階を考慮し，言語能力，情報活用能力（情報モラルを含む。），問題発見・解決能力等の学習の基盤となる資質・能力を育成していくことができるよう，各教科等の特質を生かし，教科等横断的な視点から教育課程の編成を図るものとする。

平成22（2010）年度版　情報活用能力の規準リスト（小学校）

情報社会に参画する態度　C

⑵　情報モラルの必要性や情報に対する責任

ア：相手を思いやるコミュニケーションができる（道徳）

イ：責任ある情報発信ができる（社会・総合）

ウ：ネットワークや情報機器を使う際のルールやマナーを守ることができる（違法行為：道徳，引用・著作権：国語）

エ：インターネット上の不適切な情報に対して，安全で正しい対処ができる（総合）

オ：個人情報の大切さに気づき，守ることができる（総合）

カ：健康に配慮して情報機器を使うことができる（道徳）

ク：IDやパスワードの大切さを理解できる（道徳）

能力の規準リストにおける情報モラル（下の枠内）では，語尾がすべて「〜できる」に統一されている。これはルーブリック等に見られる到達度評価規準的な文体である。

　さらに，表1に示す情報活用能力のリストは，2020年6月文部科学省

発行『教育の情報化に関する手引き』の第2章に例示された表から，情報モラルに関係した項目の一部を抜粋したものである。こちらは語尾がすべて「〜しようとする」となっており，望ましい行動をとるように促

表1　2020年度版情報活用能力（C 学びに向かう力・人間性　※筆者抜粋）

C　学びに向かう力，人間性等
2　情報モラル・セキュリティなどについての態度

①責任をもって適切に情報を扱おうとする態度	ステップ1
	●人の作った物を大切にし，他者に伝えてはいけない情報を守ろうとする。 ●コンピュータなどを利用するときの基本的なルールを踏まえ，行動しようとする。
	ステップ2
	●自分の情報や他人の情報の大切さを踏まえ，尊重しようとする。 ●情報の発信や情報をやりとりする場合にもルール・マナーがあることを踏まえ，守ろうとする。 ●情報メディアの利用による健康への影響を踏まえ，行動しようとする。
	ステップ3
	●情報に関する自分や他者の権利があることを踏まえ，尊重しようとする。 ●通信ネットワーク上のルールやマナーを踏まえ，尊重しようとする。 ●生活の中で必要となる情報セキュリティについて踏まえ，行動しようとする。 ●発信した情報や情報社会での行動が及ぼす影響を踏まえ，行動しようとする。 ●情報メディアの利用による健康への影響を意識して行動しようとする。
	ステップ4
	●情報に関する個人の権利とその重要性を尊重しようとする。 ●社会は互いにルール・法律を守ることによって成り立っていることを踏まえ，行動しようとする。 ●情報セキュリティの確保のための対策・対応を考え，行動しようとする。 ●仮想的な空間の保護・治安維持のための，サイバーセキュリティの重要性を意識し，行動しようとする。 ●情報社会における自分の責任や義務について考え，行動しようとする。 ●健康の面に配慮した，情報メディアとの関わり方を意識して行動する。

② 情報社会に参画しようとする態度	ステップ1
	● 情報や情報技術を適切に使おうとする。
	ステップ2
	● 情報通信ネットワークを協力して使おうとする。 ● 情報や情報技術を生活に活かそうとする。
	ステップ3
	● 情報通信ネットワークは共用のものであるという意識を持って行動しようとする。 ● 情報や情報技術をより良い人生や社会づくりに活かそうとする。
	ステップ4
	● 情報通信ネットワークの公共性を意識して行動しようとする。 ● 情報や情報技術を多様な観点から評価，選択，管理・運用，改良，応用することによってよりよい生活や持続可能な社会の構築に活かそうとする。

す志向型の文体となっている。

　以上のように，情報モラル安全教室で教えられる「～しない」といった後ろ向きの指導ではなく，ICT利活用の促進を前提として情報モラル教育を行うことが示唆されはじめているのである。

　特に最新の2020年版は，ルールや価値の押しつけによるトラブル予防ではなく，情報倫理教育研究で見られるような前向きな行動を促す志向型となっており，過去の情報モラルの規準と比較すれば，だいぶ洗練されたものに仕上がっていると評価できる。

　だが，これら情報活用能力として示された情報モラルも，グローバル・スタンダードやデジタル・シティズンシップの理想からはほど遠いと言わざるをえない。

　やや厳しく論評すれば，文部科学省が示す情報活用能力は，基本的には30年以上前の1980年代末に臨時教育審議会等で示された規準を，1996

年の中央教育審議会，2008年と2017年の小学校学習指導要領改訂をきっかけにマイナーチェンジしたものにすぎないとも言える。

変化の激しい現代の社会状況や教育変革の時代に応じた大幅なアップデートには至っておらず，どこか腰が引けている。小学生低学年児童が自分のICT機器を学校に持ち込んで，学習や学校生活で自由に活用するBYODや，児童生徒全員に1人1台の情報端末とクラウド・アカウントを配布するといったGIGAスクール構想に対応した情報活用能力としての情報モラル教育の規準としては，物足りない目標である。

試しに，最新の2020年度版（表1）や学習指導要領の文言を極力活かす形で，情報モラルを，デジタル・シティズンシップとして書き直してみる（表1のステップ4からひとつだけ抜粋）。

• 民主的な社会を構成するために，情報に関する個人の権利とその重要性を尊重する社会的意義を考え，善き市民として権利を尊重する行動とは具体的にどのような行動か，これから何が必要になるのかを議論し，検討する。

〈ステップ1（知識および技能）〉 情報に関する個人の権利には，どのような権利があり，それら権利がどのように行使されるのか，その特徴を理解し，なぜそうした権利を保護する法律等が必要なのかを考え，それら法を守るとはどのような行動かを理解する。

〈ステップ2（思考判断表現）〉 善き市民として，権利を保護すること，権利を尊重することとは，具体的にはどのような行動かを議論し，自分たちで検討した行動指針を発表する。

〈ステップ3（学びに向かう力・人間性）〉 情報に関する権利の重要性を尊重し，情報社会で善く生きるために，今後，必要なことは何かの共通理解を図る。持続可能な民主的な社会を構築していくには，現状で何が足りないか，今後，我々は何を学び，どのような法やテクノロジー等を開発していくべきかを検討する。

以上のように，情報モラル教育を取り巻く現在の状況は，教育変革の時代にふさわしいスケールアップが見られず，その理想や理念もデジタル・シティズンシップほどに洗練されたとは言い難い。そして，教育現場では，そのようにさほど大きな変化が見られない中央教育審議会や学習指導要領で語られる情報モラルの理念や理想を，さらに矮小化し，抑圧的な実践を行ってしまっているのである。それによってかえって学校の負担感は増してしまうという堂々めぐりに陥っている。

　もちろん，安全と健康は，学校教育や子どもの成長，生育環境のみならず，人生の幸福を実現するうえでも最優先すべきものであることに疑いはない。

　しかし，だからと言って，ICT をまるで麻薬やピストルのように捉え，できるだけ使わないように遠ざけたり，抑制して管理監督したりすることが，はたして最善最良の教育指導であると言えるのだろうか。

　加えて，日本の教育現場では ICT の教育的価値を過小評価する傾向がある。なくても困らないものであり，むしろ，児童生徒の成長には有害であるとの認識も根強い。

　ICT に対するこのような認識が，教育関係者の多くが「大切だ」と認識しているはずの情報モラル教育のアップデートをむしろ妨げ，今や取り返しがつかぬほど世界標準から遠ざけてしまったように思えてならないのである。

3 情報モラル教育実践の具体的問題点

　ここでは「情報モラル教育」の一般的な手法を紹介し，その問題点を具体的に指摘していきたい。第 4 章のデジタル・シティズンシップ教育実践例と比較してほしい。

　結論から先に書くと，情報モラル教育は，デジタル・シティズンシップ教育と比較して，児童生徒を「子ども扱い」し，一方的にしつける指導になりやすい傾向がある。

　まず，最も一般的な手法に「ケーススタディ」がある。

　以下の枠囲いつき事例は，著作権トラブルのケーススタディである。ポイントを解説するために丸数字をふった。

1．A さんは，ホームページを作りました。

2．そのホームページに，①ネットで見つけたイラストを掲載しました。

3．あるとき，イラストの作者と思われる人からホームページのコメント欄に苦情がきました。

　「今までの掲載料として 1 万円払ってください！　②支払わずにこのまま掲載するならば裁判で訴えます！」

　③A さんは大慌て。悪気はなかったのにどうしよう（T_T）。

4．A さんは，何がいけなかったのでしょうか？

5．著作権というものがあります。他人が作ったものを勝手に④使ってはいけません。

　ケーススタディでは，学ぶ子どもに対して，そのトラブル事例がいか

に「まずい」と刺激を与えうるかがカギとなる。

　そのため，ケースとしては，まず，児童生徒が「①無知な子どもらしい失敗」を無自覚にしていて，③気づいたときには取り返しがつかない状態となっており呆然とする姿が描写されたり，あるいは，したり顔の保護者や先生が突然現れて叱ったり，④諭したりする場面が提示されることが多い。トラブルによっては厳しい罰則が提示される。

　ストーリーは，子どものふとした行動によって「②大変なことになる」という恐怖を感じる場面があり，それがストーリーの「山場」となる。

　結果として，ネットを使うことは怖いことだ，良くないことだと，きわめて自然に印象づけられていく。

　枠内の例では，ホームページを作るのをやめることになったり，他人の著作物は，著作者に許諾を得て利用するという態度ではなく，他人の著作物は「絶対に使わない」という消極的姿勢が醸成される。

　そして，こういったケースを学んだとしても，実際に子どもがトラブルに遭遇したときに，対処できるかというと話は別である。

　次に，学校で「道徳」の文脈で行う情報モラルの一般的な教育実践の問題点を指摘したい。

　道徳での情報モラルは，ケーススタディのように，まず，ネット・トラブルに関する完結型の物語（資料）を通読することから始まることが多い。

　そして，あたかも国語の現代文の指導のように，教師が物語をあらかじめ細切れに分割し，場面ごとに，主人公やまわりの人間の心情をクラ

ス全体で「共有」していく。

　たとえば，登場人物Ａが，有名人のファンサイトのネット掲示板で，自分は高校生であると告白しながら，その有名人を誹謗中傷する書き込みをした。そして，その瞬間をＡのネット友だちである主人公Ｂが目撃する。教師は，主人公Ｂの心情について「主人公Ｂはこのときにどんな気持ちがしたと思う？」とのような問いかけをする。

　すると，子どもは遠慮がちに挙手をしながら「嫌な気持ちがした」とか，「気分が悪くなった」などと「発表」し，それに対して他のみなは賛成するかどうかを確認する。

　しかし，ここで，たとえば，子どもから「Ａは何かむしゃくしゃしたことがあったのでは？」とか，「Ａは高校生と名乗っているけれどもそれは本当か？」などの鋭い指摘から議論が拡散しそうになると，たいていは，教師がその意見をさえぎるなり無視をするなりして話を先に進めたり，結論に向けて誘導したりする。

　そのようにして，各場面で細切れに登場人物の心情に同調させつつ，最終的に，勇気をもってＡさんに注意できなかった主人公Ｂの心の弱さに気づく，といった「勇気」や「正義」などの「徳目」を教える。

　こうした実践は，一見すると，非常に丁寧に子どもの意見を引き出したり汲みとったりして議論しているようにも思えるが，途中の経過はさまざまあるにせよ，大人があらかじめ用意した結論に向かう直線的な話し合いになりやすい。

　このような教育方法は「心情主義」として批判的に論じられることが多い。心情主義がいきすぎると，子どもの思考停止を招きやすいからである。

倫理学者の上村崇氏は，心情主義の教育モデルについて，たとえば，教師から「意志が弱いのだから強い意志を持て」といった発言や態度が見られた場合，子どもに道徳教育へのアレルギーをもたらす危険性を指摘し，心情主義モデルの代わりに，クリティカル・シンキングの思考モデルを実践することを提案している。クリティカル・シンキングの思考モデルはまさにデジタル・シティズンシップ教育の主たる学習モデルである。

　本節の最後に，情報教育として行う古典的な情報モラル教育で実践される，よくありがちな「著作権教育」の問題点を指摘する。枠内はすべて教師のセリフである。

　作文の宿題が出ました。

　Ａさんはなかなか作文が書けなかったので，いつも上手に作文を書くＢさんの作文を，こっそり読みました。

　そして，Ａさんは，Ｂさんの作文の内容を少しだけ変えて，Ｂさんの作文とそっくりの作文を書いて，宿題を出しました。

　Ｂさんの気持ちは，どんな気持ちかな？

　こういうことはやってはいけませんね？

　カンニングと同じですよね？

　Ｂさんの作文には「著作権」というものがあります。

　Ａさんは，著作権侵害という犯罪を犯しました。

　この指導例は「公表された他人の著作物をコピー利用する場合は，著作者に了解を得ること」が法で定められる著作権の問題ではなく，Ａさんが，Ｂさんの作文をこっそり読んで，それをほぼ写して宿題として提

出してしまったという「不正行為」に関するモラルの問題——生徒指導案件である。そして，このモラルは，学校での学習の価値を問うモラルでもある。

つまり，このモラルを著作権の問題として指導することは，筋違いだと言える。

仮に，Aさんが，Bさんに，「ばれないように少しだけ変更するからうつさせてほしい」と頼み，著作権者であるBさんが「1000円払ってくれるならばいいよ」と了解したとしたら，どうだろうか。

この「交渉」は著作権法的に適法であり，何の問題もない。むしろ，著作権教育としては推奨すべき行為となる。

しかし，この場合，おそらく，Aさん，Bさん両名に対して生徒指導をすることになるだろう。場合によっては，お金を要求したBさんのほうに先生からのとがめがより多い可能性さえある。

つまり，このストーリーにおいて，著作権はどうでもいい問題なのだ。

以上のような，安全教育ふうの教育や議論する道徳ふうの教育，情報教育ふうの教育を情報モラル教育（≒生徒指導）と呼んでいるのが日本の学校現場の実態なのである。

デジタル・シティズンシップ教育の欠点が，その目標の高邁さにあるとすれば，情報モラル教育の欠点は，危険な「犯罪」など重いテーマを取り扱う一方で，一歩間違えば，前時代のスパルタ式生徒指導に教師を回帰させてしまったり，善悪が教条的に教えられていくような，その「隙」の多さと目標の低さにある。

教育学的に見た場合，デジタル・シティズンシップ教育を社会的構成主義・学習者中心主義と呼ぶならば，情報モラル教育は，まさに行動主

義・指導者中心主義と呼ぶべきものだと言える。

4 情報モラルのモラル性

　行動主義的生徒指導に走ってしまう「隙」は，平成29年告示小学校学習指導要領の特別の教科「道徳」にも見られる。

　小学校学習指導要領解説の道徳編では，情報モラルの5本柱（図1）とされる「情報社会の倫理，法の理解と遵守，安全への知恵，情報セキュリティ，公共的なネットワーク」（公共的なネットワークの構築）のうち，特に「情報社会の倫理」と「法の理解と遵守」を取り扱うとされている。

　気になるのは，同じ解説の後述の事例として「情報機器を使用する際には，使い方によっては相手を傷つけるなど，人間関係に負の影響を及ぼすこともあることなどについても，指導上の配慮を行う必要がある」と，結局は生徒指導的な安全を取り扱う「隙」を与えていることである。

図1　情報モラルの5本柱

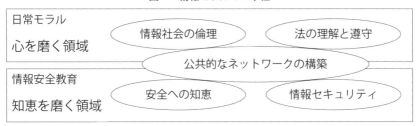

日常モラル
心を磨く領域　　情報社会の倫理　　法の理解と遵守

公共的なネットワークの構築

情報安全教育
知恵を磨く領域　　安全への知恵　　情報セキュリティ

出所：文部科学省「教育の情報化に関する手引き」

倫理学者の越智貢氏は，『情報倫理学——電子ネットワーク社会のエチカ』において，「情報モラルは日常モラルをベースとする二次的モラル」であって，「情報モラルのモラル性」は，人間性や「道徳的心情を問わないで済む要求の低いモラル」であると指摘している。

　越智氏は，情報モラル（≒ネット・モラル）のモラル性（≒倫理性）について，次のように述べている。

- 善いことを為す徳ではなく，悪いことを為さないことが善いという「消極的な倫理」である。
- 行為者の人間性や動機は問われず，行為と結果が問われる「行為と結果の倫理」である。
- 関係する法律等の知識を持ち，それにもとる行為をしない「知の倫理」である。そして，この知は安全と関係がある。
- 最大の特徴は，自己や他者の安全を脅かさない「安全の倫理」である。

　行為と結果の倫理を，倫理学上の用語で「帰結主義」と言う（図2）。

　この帰結主義は，同時に，最大多数の最大幸福を目標とした「功利主義」の立場をとることが多い。ある行為の結果（帰結）として，できるだけ多くの人が，できるだけ幸福になることが一番良いことだとする考え方である。

　だが，この功利主義は，いわゆる「ネズミ小僧」のように，みなが幸福になるためならば，法を犯してもよい（お金持ちの少しばかりの不幸には目をつぶる）という理屈が正当化されてしまうことがある。このような功利主義を「行為功利主義」と呼ぶ。

　一方，越智氏が指摘する「安全にかかわる知の倫理」は，情報モラル

図 2　情報モラルのモラル性の概念図

でも最大多数の最大幸福をめざすものの，それはみなで取り決めた（最善の結果をもたらすはずの）法律やルールといった規則を守るからこそ達成できると考える「規則功利主義」に相当するだろう（図 2 ）。

　以上のように，コンピュータ・ネットワークの利用において，誰かのある行為が望ましいか否かというモラル性は，その行為者の性格が良く，徳のある善人であるといった人間性や，良かれと思ってやったという動機にかかわらず，行為者がしたことによってもたらされる結果の善し悪し（特に安全に関わる結果）で決定されてしまう傾向にある。

　この学説は，情報モラルという言葉が生み出された1986年から翌87年にかけての臨時教育審議会の審議や答申で，情報モラルが「交通道徳，自動車のブレーキに相当するもの」と定義されたことと無関係ではない。

　越智氏は，情報モラルの最大の特徴であるとする「安全の倫理」について，自動車のドライバーを例にあげ，次のように例示している。

情報モラルを守るよいネットワーカーのよさは，よいドライバーの
　　よさと同種（中略）「よいドライバー」が心根の美しいドライバー
　　である必要はないように，「よいネットワーカー」も心の美しい人
　　である必要はない（中略）情報モラルが目指す「よいネットワーカ
　　ー」は，内心はどうあれ，自己や他者の安全を確保する知識をもっ
　　ており，その知識にもとる行為をさけることができる人で十分であ
　　る。

　このような性質を持つ情報モラルは，特別の教科「道徳」で扱われる
「正直，誠実」，「温かい心で親切に接する」，「希望と勇気，努力と強い
意志」，「真理の探究」，「感動，畏敬の念」，「生命の尊さ」，「公正，公平，
社会正義」のような高い理想を目標とするまでもない。
　ましてや，そうした道徳の「応用」が情報モラルなのではなく，「悪
ふざけはしない」とか「非常識なことやルールを破る悪いことはしな
い」といった，ごく簡単な約束を守ればそれでいいということになる。
　たとえば，以下の枠内のような事例を，ケーススタディとして「情報
モラル安全教室」で教えるとすれば，「①仲間内でもてはやされたから
といってインスタグラムのようなSNSに悪ふざけの写真をアップロー
ドしてはいけません」（行為の倫理）とか，「②冷蔵庫に入って写真を撮
影するような悪ふざけはしてはいけません」（規則を守る，消極的な倫
理），そして，「③さもないと集団リンチのように世間から非難され生き
ていけなくなります」（結果［帰結］）などいう単純な指導になるだろう。
　こうした点で，情報モラルのモラル性は，行動主義的な生徒指導との
親和性が高いと考えられるのである。

普段，アルバイト先の飲食店の店員たちの間で，人気者でいい人と評判の A が，コロナウィルス蔓延により閉塞観漂う飲食店の雰囲気をなんとかして変えたいと考え，職場の①仲間内を喜ばせ，元気づけようとして，職場の冷蔵庫を清掃するついでに②冷蔵庫の中に入っておどけた姿をスマートフォンで写真撮影し，それをインスタグラムに掲載して公開したところ，即座にその飲食店とは無関係な何万ものネットユーザーから，不謹慎である，不潔であると③悪人扱いされて大炎上してしまった。

ネットユーザーは，この A の人間性や A がこのような行為に至った動機，そして，彼の善行には目をつぶり，ひたすらインスタグラムにアップされた写真と写真に写る破廉恥な行為を非難する。

やがて写真に写る A を特定して個人情報をネットにさらし，名誉棄損にあたる誹謗中傷をするなどして，A の生活上の安全を脅かすような暴挙に出るユーザーが現れるが，そのユーザーもやがてその行為が非難され，アカウントが抹消される。程度によっては名誉棄損で提訴され敗訴することもある。

もちろん，そのユーザーの人間性やそうした行動の動機に関係なく，ユーザーの行為とその結果が問題視される。

5 日常と非日常

　現代社会において，ネットやスマートフォン等の ICT の利活用は家庭や学校や社会の日常の風景であり，日常の環境である。人の能力を拡張する（能力拡張を助ける）道具でもあるし，一定レベルの社会的・文化的生活を維持する「ライフライン」でもある。これは子どもにとっても同様である。

デジタル・シティズンシップ教育のコンセプトは，ICTは子どもの
「日常」であると捉え，ネット社会は特殊な世界ではなく，日常生活や
社会とシームレスな関係にある，というものである。

　だからこそ，子どものICTを取り上げてしまって，その利用をやめ
させるのではなく，善き市民として，幸福な善き社会の構築をめざし，
前向きにICTを利用しようとする。

　一方で，情報モラル教育のコンセプトは，指導対象（ICT）を，普段
は使わない非日常的な特殊な道具と規定する。ネットは危険な遊び，娯
楽であるから，学校では，特別な必要がないときには使わせず，取り上
げてしまいがちになるのである。

　ネットやゲームの日常的な利用は隠すべき不名誉で後ろ暗いものであ
り，できるだけICTの利用を避けるように仕向けてしまう場合もある。

　そもそも，日本の学校では，長年，ICTは情報を専門（担当）とする
指導者によって管理監督され，その指導者が特別に許可を与えたときに
限り，子どもが利用できる「特殊装置」のような扱いがなされてきた。

　ICTは日常的に普段使いする万能的な道具や文具，ないし学習資源で
はなく，長年，専門教育向けの教材教具として扱われてきた。一般に，
教育におけるICTの価値は非常に低い。ICTがなくとも授業は成立する
からと，最小限しか活用しようとしないか，できるだけ使わないで授業
を「済ませる」のが良しとされることも多い。

　また，公立の学校教員には校務用のPCは与えられていても，メール
アドレスひとつ配布されていない実態もある。教員（公務員）のSNSに
よる情報発信を禁止する自治体もある。

　つまり，学校で学ぶ子どもにとっても，教える教員にとっても，ICT

は特別に許可されて初めて使えるものなのである。

　加えて，ネット社会に対する過剰な警戒感もある。

　ネットでのコミュケーションは現実ではないバーチャルなものであるから信用がおけず，危険であり，対面でのコミュニケーションのみに価値をおく。ネットの情報は，嘘だらけであり，紙の新聞記事や出演者の顔が見えるテレビは無批判に信頼するが，ネットニュースやSNSは一切信用のおけないものであるから，批判するどころか見ないほうがよい。図書の辞典は信用するがネットの「Wikipedia」は信用できないので調べ学習などで引用することを良しとしない。このような価値観が，教員にも子どもにもヒドゥン・カリキュラムとして隠れて教えられていく。

　このように情報社会を特殊な別世界とみなし，現実社会や現実の日常と情報社会を「分断して捉える傾向」は，学習指導要領（中央教育審議会等）などでも一部見られる。

　1996年の中央教育審議会答申で初めて「情報モラル」が審議されたとき，「情報モラル」が扱う対象は「情報社会の影」であるとされた。

　社会の「影」として，学校教育で取り扱われるテーマとしては，たとえば，「覚せい剤などの薬物使用」が代表的であるが，同様に，情報社会の「影」とは，一般にはコンピュータ犯罪やネットワーク犯罪を指す。

　（古典的な）情報教育の文脈としての情報モラル教育では，個人情報漏えいや情報窃盗，著作権侵害をはじめ，クラッキング行為，コンピュータウィルス，アカウントの乗っ取りなどが代表的なテーマであった。

　時代が下って2004年に発生した佐世保小6女児同級生殺害事件以降の情報モラル教育（この事件以降，情報モラル教育は生徒指導に組み入れられていく）では，いじめや誹謗中傷（名誉棄損），少年非行，薬物売買，

家出，児童買春や児童ポルノ，リベンジポルノ，ストーカー，詐欺など
が主たるテーマとなった。

　ただし，生徒指導としての情報モラル教育において，2020年時点で最
も関心が高い「情報社会の影」は，犯罪ではなく，ネット依存，スマホ
依存，ゲーム中毒である。

　こうした「情報社会の光と影」のような二元論的な社会の捉え方の歴
史は古く，たとえば，1969年9月『科学朝日　情報化社会と人間（臨時
増刊）』（第29号）における森口繁一氏の「情報化社会にさす光と影　新
しい文明のページは開かれるか」などにその例が見られる。

　だが，情報モラル教育では，デジタル・シティズンシップ教育とは異
なり，情報社会の「光」とは何かについては原則として問わない。少な
くともこれまでは「影」のみに焦点をあててきた。そのため情報モラル
教育では，ICT の利活用が抑制的・消極的になってしまうのである。

6 | 古典的題材のデジタル・シティズンシップ教育への転換

1．情報社会の「影」の題材

　前節のように「情報社会の影」として情報モラル教育でこれまで扱っ
てきた最も古典的な「題材」である個人情報・プライバシーと著作権に
ついてその歴史を紐解いてみよう。

　個人情報と著作権が学問上，あるいは，社会問題として議論の対象と
なった歴史は古く，当時まだ「切実な問題ではない」とされながらも日

本では「1971年の流行語」である「情報公害論」という議論にまでさかのぼる。戦後最大の著作権法改正が行われ，それ以前の著作権法を「旧・著作権法」，その後の著作権法を「新・著作権法」と呼ぶことになったのも1970（昭和45）年のことである。

米国の哲学者ジェームズ・ムーア氏が1985年に雑誌『Metaphilosophy』で発表した「Computer Ethics（計算機倫理学）」やその後継学問である情報倫理学においても，主たる関心は個人情報と著作権の取り扱いであった。しかし，これらは，いわゆる計算機従事者の「職能倫理」を主題としている。

銀行 ATM やパーソナル・コンピュータ（PC）が劇的な普及を見せ，個人情報や著作権を職務上扱うだけではなく，個人の生活にも及ぶ問題として語られはじめたとき「情報モラル」という用語が誕生した。それは1984年に当時の中曽根首相が諮問機関として総理府（現内閣府）に設置した臨時教育審議会の審議（1986年第2次答申から翌87年第3次答申にかけての1年間）である。

この審議でも個人情報と著作権が議題となり，答申にも事例が掲載されている。個人情報は，銀行口座の暗証番号漏えいなどが事例としてあげられている。ただし，当時，写真週刊誌が大流行し，社会問題化したことから，個人情報よりも，メディアの報道倫理やプライバシーがより大きくクローズアップされている。著作権については，1985年著作権法改正でコンピュータ・ソフトウェアが「プログラム著作物」として保護の対象とされたことを受け，PC ソフトウェアの不正コピーなどを主たる問題としている。

図3は，1989年に東京都教育研究所が発行した『中学校技術科におけ

図3　情報モラル教育の実践記録

ウ　モデル指導案の作成
　授業を実践する学校が指導案を作成する参考資料とするために、モデル指導案（資料9、p58）を作成した。
　情報化の影と技術・家庭科の教科内容として扱うことが重要であると判断した。そこで、本指導案は、情報社会での情報モラルなどを導入として、紙に記録された情報とコンピュータに蓄積された情報との違いを取り入れた。
　また、情報モラルの①著作権の侵害防止、②情報破壊等の防止、③プライバシーの侵害防止の3点はすべて指導案に示した。従って、本モデル指導案を活用する際には、各学校や生徒の実態に即した教材を選び、その教材と関連した情報モラルを中心に授業を作成してもらうこととした。
　そのモデル指導案は、資料9に示してあるが、これは授業の結果を評価した後に改善したものである。改善の前の指導案では、指導事項6から8が入る学校のために、情報化の影の部分を指導する前に「コンピュータを正しく活用していくために、その特性を考える」の事項を特別に加えた。

エ　教材の選定
　情報モラルなどの指導は、生徒が具体的に体験している事象や身近に感じていることがらを教材として授業を展開することが重要であると考え、下記のような参考資料を示した。
　① ソフトウェアの著作権（COPYRIGHT）を示す画面（ソフトウェアの著作権を扱う資料）。
　② コンピュータウィルス、ハッカー、銀行の送金ミスなど情報モラル関係の新聞記事（情報破壊等を扱う資料）。

ア　実態調査
　情報化の影の部分を中心とした主題を決定する材料及び情報モラルなどに対する生徒の実態を把握し、授業の構成や授業での発問などの対応方法の資料を得るため、資料3（p51）に示した調査用紙に基づき、5校で実態調査を実施した。
　その結果は資料4（調査人員133名）（p52）に示してある。この結果のうち授業実施前における、情報化の影の部分等に対する生徒の実態の主な内容は、次の通りである。
　① プライバシーという言葉は、ほとんどの生徒が聞いている（98％）。
　② ダイレクトメールを受け取ったとき、なぜ自分のことを相手が知ったか考えたことがある（66％）。
　③ ファミコンやパソコンを操作した後、目などが疲れたと感じたことがある（66％）。
　上記の①～③については、5校ともほぼ同じ傾向である。動機づけの面から、プライバシーを授業で取り上げることは有効であると思われる。
　④ パソコンを操作していて、「『やだな』と思うことは何か」の問いに対しては、パソコンのキー操作が「面倒（複雑、難しい、キーが多い）」であるという回答が目立った。

イ　教材の選定と指導案
　授業実践した5校の指導案での授業のねらい、教材として使用した資料及びコンピュータの特徴や情報モラルの内容の関係を示したのが、次の頁の表である。
　表の◉印は重点的に扱った事項で、○印は取り扱った事項を示す。

A校の例
「キャッシュカード申し込み書に記入」

通信を説明　　情報犯罪の新聞記事を解説　　君は年収をいくらにするの？

注：左＝情報モラルの「モデル指導案の作成」，右＝情報モラルの「授業の実施」
出所：『中学校技術科におけるコンピュータ教育に関する基礎的研究』東京都教育研究所，1989年

るコンピュータ教育に関する基礎的研究』である。この研究紀要には，情報モラル教育実践が記録されており，なかでも個人情報と著作権は中心的題材として取り扱われている。図3の右側のページには，「プライバシー」という言葉にどのようなイメージを持つかという調査や写真雑誌とプライバシーについて，キャッシュカード情報の取り扱い，個人情報が漏れたためにダイレクトメール（郵便）が送られてくるケーススタディが紹介されている。

　この東京都の実践から約10年後の1998年告示中学校学習指導要領「技術・家庭科　技術分野」の「情報とコンピュータ」で，初めて「情報モラル」が明記された。その内容として，やはり個人情報と著作権が例示

され，検定済教科書にも記載されることになる。

　以上のように，個人情報と著作権は，情報モラル誕生以来の定番の題材なのである。

　だが，これら「古典」のテーマは，特に1990年代中ごろ以降のインターネットの普及とともに，その社会的価値が著しく変化してきた。2020年現在でも法が現実の問題に追いつけず，頻繁に法改正が繰り返される課題でもある。そして，今や小学校低学年児童にさえも身近な問題となりつつある。

　そうした問題を「～しない」≒without と子どもから引き離してよそごととせず，むしろ，これから生涯つきあっていく日常生活の一部≒with として，これら問題を前向きに検討し，良い関係を構築していくようなイメージで扱っていくべきだろう。

2．個人情報

　ここでは，長年，情報モラル教育の題材として扱われてきた個人情報について掘り下げ，情報モラル教育としての古典（典型）的な扱いから，デジタル・シティズンシップ教育として新しいコンセプトで扱うためのヒントを見出したいと思う。

　岡村久道氏の『個人情報保護法の知識』によれば，個人情報とは，「個人に関する情報」，「生存する個人の情報」，「特定の個人を識別できる情報」の三要件を具備した情報のことである。文字，写真，映像，音声情報，仕事関係の情報も含み，他の情報と容易に照合することができ（照合容易性），それにより特定の個人を識別することができるものとされる。

　そして，この個人情報[2]のうち，差別を受ける可能性があるため，

特段の必要がない限り取得しない配慮が必要なものを「センシティブ情報」と呼ぶ（JISQ15001）。思想・信条・宗教，人種・民族・出生地・本籍地，身体・精神障害，犯罪歴，労働運動・政治活動への参加状況，保健医療や性生活に関する情報などである。

　この個人情報を，情報モラル教育の題材として扱う場合，ウェブアンケート調査や無料懸賞応募などで気軽に送信した情報が，いつしか目的外に流用（流出）され，迷惑メール等が多数送られてきて被害を受けるため，情報の取り扱いは慎重に行うよう指導するというのが典型である。

　このスタンスは前節で紹介した1989年の東京都の実践例以来，25年以上アップデートされずに現在までほぼそのまま残っている。

　2006年度文部科学省委託事業『「情報モラル」指導実践キックオフガイド』の「情報モラルモデルカリキュラム」でも，小学生段階における個人情報は「安全への知恵」のカテゴリー「e1〜3：情報を正しく安全に利用することに努める」に位置づけられ，「e3-2：自他の個人情報を，第三者にもらさない」という指導を行うものとされている。

　そして，以下（枠内）のようなケーススタディが実践される。この例は，現在でもウェブサイトで公開されている複数の小中学校の学習指導案から，筆者が典型的な授業展開を抜きだして整理したものである。

　さらに，2016年発行の文部科学省委託事業の『情報モラルに関する指導の充実に資する調査研究　情報化社会の新たな問題を考えるための教材』での個人情報に関連する映像教材ストーリーは，以下（右下の枠

（2）　「プライバシー」の定義は学術的には未解決問題とされるが，日本の最高裁判所の判例上は「他人にみだりに知られたくない情報として保護されるべき期待を有するもの」と定義される。

内）のようなものである。

1．Aさんがクラスメイトに教えてもらった「申し込めば誰でも人気アニメキャラクターのグッズが無料でもらえるウェブサイト」にアクセスする。

2．氏名，住所，年齢，性別，電話番号，メールアドレス，保護者のクレジットカードの番号等を入力する。

3．しばらくするとAさんに迷惑メールがたくさん届いたり，不審な電話がかかってくる（大げさな例では，詐欺事件に巻き込まれ大きな事件に発展する）。

4．Aさんの行動は，どの点が問題だと思うかを発表しあう。

5．無料だからといって個人情報を入力してしまうと被害にあう危険があることを理解する。個人情報の入力は慎重にしようと注意喚起する。

［ストーリー2・男の子］　小学校6年生のしょうたさん。「アプリに許可する権限」をよく確認せずにインストールしたため，自分の知らない間に，個人情報を提供してしまいました。また，スマートフォンとの通信を許可してしまい，情報を読み取られたり，アプリの優先順位を変えられたりしたため，請求画面が表示されるようになりました。

　以上のように，情報モラル教育における個人情報の扱いは，軽率な（本人の）行動によって個人情報が流出し，それが悪用され（善用例は省かれる），本人が経済的被害を受け，あるいは，ストーカー等のトラブルに発展することがあるといった「個人の被害」を強調することに主眼がおかれる。

　この傾向は小中学校だけではない。高等学校や大学の入学時オリエンテーション等で生活指導として安全や健康に関わるパンフレットなどが配布されることが多いが，そこに掲載される個人情報の取り扱いに関す

る注意は，この例とほぼ同じである。

　こうした注意指導自体は特段悪いわけではないが，個人情報が期せず
して漏れてしまった後に，我々はどのようにふるまうべきか，どのよう
に対処すればいいのかについての学習には至らないケースが多い。

　たとえば，個人情報が外部に漏れたとしても，直ちに実害があるわけ
ではないのではないか，といった議論や，ショックを受けパニックに陥
るのではなく，論理的に考え冷静な対処が求められるのではないかとい
う指導者からの示唆は，ほとんど見られない。また，警察に相談したら
どうなるのか？　被害がないならば捜査はできないと断られるのではな
いか？　消費者庁の相談窓口に連絡する程度しかひとまずは対処のしよ
うがないのではないか？　実害がないのならばそもそも対処は不要では
ないか？　といったクリティカルな検討などは行われないのである。

　他方，情報モラル教育では被害回避として「ルール作り」を実践する
ことが多いが，志向型ガイドラインのように望ましい行動を促すための
行動の原則を整理するような実践は行われない。ルールの文言を言葉ど
おり考えることなく教条的に守ることが期待される「〜しない10か条」
のようになりがちである。子どもが守ることができるルールを作るとい
う配慮は見られる場合もあるが，なぜ，そうしたルールを作るべきか，
そのルールは合理的か，といったコンセンサスを得る作業（話し合い，
議論）が不十分か，あるいは省略されてしまうのである。

　一方で，近年，個人情報をめぐる問題は複雑化・多様化しており，よ
り広い視点，観点からの議論や検討も必要になっている。

　たとえば，上記の例のように，指導者は，個人情報は不用意に漏らす
べきではないと子どもに注意するが，では，ネットでニックネームや匿

名を多用する子どもたちについてどう思うかを指導者に問えば，それには否定的であったりする。

　加えて，匿名でネットを利用していても，インターネットでは何時何分何秒に何番の IP アドレスからアクセスしたかはすべてログに残るのだから，悪いことはできないのだと子どもを諭すこともある。

　実名の暴露は危険だと注意を受け，匿名でのネット利用には渋い顔をされ，記録が残るから悪いことはしてはならないのだ，と言われたほうの子どもは，どうすればよいのか混乱してしまうだろう。ICT を一切使わないことが最良の解決策だと思ってしまうかもしれない。だが，ICT を使おうと使うまいと，本人（情報の主体者）のあずかり知らぬところで個人情報が暴露されたりすることこそ現代社会の問題なのである。

　情報モラル教育は，このように白黒はっきりつけられないグレーケースやジレンマの問いに対するアプローチが非常に弱いという欠点がある。

　この例の場合，デジタル・シティズンシップ教育では，ネットでの発言に対する誹謗中傷，出自や人種，性別，LGBT 等の詮索と理不尽な差別から身を守る手段として，積極的に匿名を利用することは是か非かといった議論をその当事者である指導者と子どもたちが言語的に学びあうことが目標となる。

　こうしたデジタル・シティズンシップ的な教育は，たとえば，高等学校の教科「情報」との親和性は非常に高く，実践しやすいのではないかと考えられる。

　表 2 は，2018年告示の高等学校学習指導要領解説の情報編のうち，「個人情報」の語がどのような文脈でどれほど出現するかを整理したものである。なお，専門教科情報科は除いている。

表2　高等学校学習指導要領解説の情報編における「個人情報」の出現頻度

出現回数	文　脈
8	個人情報を守るために行うべきことや確認すべきこと
6	個人情報に関連する法規の理解 （法律や規則ができた経緯や目的の理解）
4	個人情報の利用による新たな価値の創出
3	個人情報が漏洩した際の影響と対策
3	個人情報の取り扱いと暗号化

　このように，確かに，過去の情報モラル教育がそうであるように，個人情報の漏洩や自分の「個人情報を守るために行うべきことや確認すべきこと」という文脈が最も多いその一方で，「個人情報の利用による新たな価値の創出」，「個人情報の取り扱いと暗号化」のように個人情報の利用についても言及されているのである。

　これを高校の教科「情報」の授業で計画する場合，デジタル・シティズンシップ教育のコンセプトで，個人の権利を尊重しつつ，有効に情報を発信し，個人情報を社会や文化の発展に資する目的で利用していくための方略を議論するといった学習を計画するのが最良であるだろう。

　こうした学習者（教員や児童生徒）の社会参加型の教育によって，必要とされる社会的ルールや法令，ガイドラインを作るべきだ，作ったほうが好ましい，法を改正するべきである，というコンセンサスが社会的に得られていくきっかけが作られるのである。

　たとえば近年，個人情報は，ビッグデータを収集し，機能特化型 AI と深層学習などでそのデータの分析を行うなどして新たな情報サービスを創出するための有効な素材（データ）として期待されている。機能特

化型 AI を搭載するウェブ検索エンジンが，個人のウェブブラウザの Cookie に残る検索履歴情報等を学習し，その人の好みに合わせた検索結果が上位にヒットするよう自動的に調整したり，検索キーワードの入力途中でその人の検索履歴にマッチした検索キーワードの候補が表示されるサービスが作られている。

　一方で，未成年者の個人情報の取り扱いはどうするかといった問題や，その人が見たい情報，知りたい情報しか検索されなくなるならば，自分が好まない情報や自分の思想と対立する情報に接する機会が減り，結果としてその人が操られてしまう「フィルターバブル」が危惧されたりもしている。

　このようなテーマがデジタル・シティズンシップ教育で取り上げられれば，その利点や問題点が議論される。するとマスコミがそれを取り上げ，ネットを通じて一般にも議論される。やがて，政府の政策や立法に世論として反映されることにつながることもあるだろう。

　EU では，個人情報の一般データ保護規則 GDPR（General Data Protection Regulation）が2016年に作られ，2018年に施行されている。この GDPR では，ウェブサービスに関する年齢制限として，情報サービスを受ける者が16歳未満の子どもである場合は，子どもの親権者から同意を得ない限り，子どもの個人データを処理することは違法とされる。

　米国では COPPA（Children's Online Privacy Protection Act）によって，13歳未満の子ども向けのウェブサービス等に規制を課し，子どものプライバシーを守る法令が2000年以来施行されている。これも保護者の同意なしには子どもの名前や住所，電話番号等を収集することができないとする規制である。しかし，スマートフォンが劇的に普及しはじめた2013

年に法改正され，制限対象が写真や動画，音声データまで拡大している。さらに，EU の GDPR に合わせて13歳未満ではなく16歳未満に法改正しようとする動きも見られる。

2019年には動画投稿サイトの TikTok や YouTube が，米連邦取引委員会（FTC）当局から COPPA 違反として提訴され，罰金（和解金）として TikTok が570万ドル，YouTube が 1 億7000万ドルを支払い，規約の変更を余儀なくされた。

日本には，欧米のこうした未成年者の個人情報の収集を制限する法令はないが，日本でも世界に合わせて法令は必要か否か，当事者である子どもはどう考えるのか，どのような点で共通理解を図っていくべきかについてデジタル・シティズンシップ教育として取り扱っていく必要があるだろう。

3．著作権

つづいて，個人情報と同様に古くから情報モラル教育の題材となっている著作権について詳しく見ていく。典型例については第 3 節に例示したので，ここでは，情報モラル教育としての著作権教育の問題点とそのメカニズムを整理し，デジタル・シティズンシップ教育として取り扱う際のポイントを考えたい。

まず，著作権とは，作者が自分の著作物を独占的にコピーしたり，ネットワークで送信したり，あるいは，演じたり，放送したり，作品や作者の名前を公表したり，作品に変更を加えたりする権利である。著作物とは，自分の考え（思想）や感情を，文章や絵，音声や音楽，学術，身体表現，コンピュータ・ソフトウェアなど形あるもので「創作的に表

現」した作品などのことである。形（表現）がないアイディアや創作性がないデータ等は著作物ではないため，著作権は発生しない。

そして，著作権を保護するための法律である著作権法の最大の目的は「利用規制」ではない。むしろ，その逆で，著作権を保護し，著作物の公正な利用を促進することによって文化の発展に寄与することである。

この目的は，現代社会に生きる我々は，まったくのゼロから知的創作物を生み出すわけではなく，人類史上積み上げられてきた膨大な知的財産を利用することによって初めて新たな知的創作物を生み出せること(3)を正当化する理念である。

他方，情報モラル教育では，個人情報の保護と著作権は，似たもの同士，同類の個人の権利として，同じように保護すべきものとして扱われる。

だが，個人情報の保護と言った場合，基本的には人の心がむやみに傷つけられないように保護することを目標とした「人格権」により深く関係している。人格権は，基本的に他人に譲渡したり，権利を放棄することはできない。

一方で，著作権は，基本的に「知的財産権」（著作財産権）である。著作財産権は，国によって異なるものの，他人に譲渡したり，権利を放棄（パブリックドメイン化）したりできる。現在の法律では著作者（≒著作権者）の死後70年間権利が保護される。ただし，日本国著作権法では，著作者の心が傷つけられないように保護する著作者人格権が一部規定されている(4)（これも国によって異なる）。

（3）　こうした著作権法の考え方の比喩として，彼のアイザック・ニュートンが書簡に用いた「巨人の肩にのる矮人」という表現をする。

著作権は，別名「許諾権」と言われる。その基本は，他者の著作物をコピーしたり，ネットで送信したりする場合，事前に，著作者（≒著作権者）に了解を得る，というその1点につきる。

　ところが，2.で詳しく見たように，情報モラル教育において個人情報を取り扱う場合，詐欺被害など経済的被害（個人情報の財産権的側面）をテーマとすることが一般的であり，対して，著作権教育は，作者の感情的被害（著作者人格権）をテーマとすることが多い。

　情報モラル教育としての著作権教育は，伝統的に「作者の気持ちを理解する，尊重する」という，小学校の国語の学習でよく行われるような，作者の心情理解からスタートすることが多いのである。

　図4は，著作権情報センター（CRIC）と日本教育情報化振興会（JAPET）が共同してウェブサイトで公開している『5分でできる著作権教育』という教材の「著作権教育の段階的指導モデル」である。このように，小学生程度では「A　作者の気持ちの尊重　作品の価値の認識，尊重」と「B　権利と義務，契約の重要性　情報モラル」を行うことが推奨されている。

　だが，この図4のような教育方針は，あまたの著作物のうち，特に小説など文章の著作物を対象にしているのではないかと思える節がある。たとえば，コンピュータのソフトウェアやYouTubeにアップされている動画を考えるときに「作者の気持ちを尊重する」指導をしたとしても，著作権法の考え方にかなう姿勢の涵養に効果的だとは思えない。

　つまり，作者の「了解を得て著作物を積極的に利用する」ことで，作

（4）　基本的には，本人が生存している間だけに発生する権利である。ただし，著作者の遺族が差止請求，損害賠償請求，名誉回復請求などを行う場合もある。

図4　著作権教育の段階的指導モデル

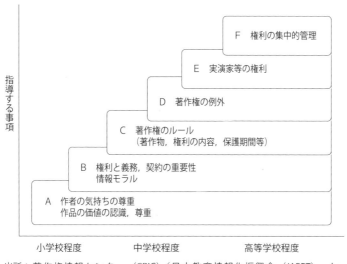

指導する事項

F　権利の集中的管理

E　実演家等の権利

D　著作権の例外

C　著作権のルール
　（著作物，権利の内容，保護期間等）

B　権利と義務，契約の重要性
　情報モラル

A　作者の気持ちの尊重
　作品の価値の認識，尊重

小学校程度　　　　　中学校程度　　　　　高等学校程度

出所：著作権情報センター（CRIC）／日本教育情報化振興会（JAPET），cho-sakuken.jp/step.html

者の思想や感情が世に広まり，人々に受け継がれ，それによって作者や作者に感化された利用者の創作意欲が掻き立てられて，新たな創作物が世に出る好循環が持続し，文化が発展するという著作権法の理念にかなう「態度」は育ちにくいのではないかと筆者は考える。

　むしろ，作品は，作者が大変な思いをして創作したとても貴重なものであるから，極力，他人の作品は利用しないにしよう，という後ろ向きの姿勢が育成されていくように思われる。つまり，著作権を保護するために最も重要，かつ，単純明快な「作者に了解を得る（許諾を得る）」という手段が忘れられてしまうのである。そして，このムードは，著作権を学ぶ子どもだけではなく，指導者である教師にもヒドゥン・カリキュラムとして隠れて教えられてしまうことがある。

　なぜこのようなことが起きるか，そのメカニズムは，情報モラル教育

とデジタル・シティズンシップ教育の哲学の違いをよく表している。

　著作物の定義は「思想または感情を創作的に表現したもの」であるため，作者の思想や感情を尊重することは，著作物を保護しようとする「態度」として大変重要であることは間違いない。「情報社会で適正な活動を行うための基になる考え方と態度を育成する」と定義される情報モラル教育としては理にかなった課題設定でもある。

　だが，当の作者にとってみれば，学校の教室にいる先生や子どもたちがそんなふうに自分の作品（に込められた感情や思想）を尊重していることは知る由もないのである。作者がそれを認識するためには，作者に対して先生や子どもからの「あなたの作品は，大変素晴らしい作品であるから，どうしてもコピーしたり，ネットで共有したいのです」というメッセージ（意思表示）が必要なのである。

　このように，情報モラル教育としての著作権の学びは，学校内で閉じた社会不参加型，自己完結型のモデルが多いという欠点がある。

　一方で，デジタル・シティズンシップ教育は，他者との対話による社会参加，そして，「相互理解」を尊重し，目標とする。

　また，情報モラル教育では，指導対象年齢が下がれば下がるほど，子どもは情報を一方的に受信する側，情報を一方的に与えられる弱い立場であるから，子どもに責任はないという前提で題材設定や教材研究が行われる傾向がある。つまり，著作権教育が伝統的に著作者人格権を教育のスタートに位置づけるのは，小さい子どもは基本的に著作者（著作権者）にはならないという前提に立っているからである。

　だが，現代社会はそうではない。今や幼稚園児でもネットで情報発信し，著作者にだってなりうる可能性がある。もちろん，権利の行使や許

諾は保護者が代理で行うが，著作権法に年齢の規定はない。オリジナルのものを創作すれば，自然に著作権は発生するのである。

　デジタル・シティズンシップ教育では，「デジタル足跡」の事例のようにネットの利用者が意識するか否かにかかわらず，痕跡を残すという意味で情報の発信者となりうるため，責任が発生するのだという状況を教育のスタート時点から取り扱う。そのため，著作権の主体を他人（大人）ではなく，自分（子ども）において，新しい価値の創造者としての子どもの立場もクローズアップするのである。

　最後に，デジタル・シティズンシップ教育での著作権教育の一モデルを示して本節を終えたいと思う。

総合的な学習の時間

題材：SDGs（持続可能な開発目標）の環境への取り組み。

内容：SDGs の環境への取り組みを扱う「絵本」を子どもたちがグループで制作する。

■デジタル・シティズンシップ教育（著作権関連の検討ポイント）。

• 絵本を世の中に広めるにはどうするか。料金を設定するか否か等。

• クリエイティブ・コモンズ・ライセンス（CC ライセンス）による著作権に関する意思表示を行う仕組みを学ぶ。

• 絵本に CC ライセンスを設定する。

• 環境関連の民間企業が投資家向けに配布する目的で，たくさんコピーして利用させてほしいと問い合わせがあった場合に，どう答えるかを検討する。

• NPO からボランティア目的の教育活動でたくさんコピーして無償配布させてほしいと言ってきたらどうするかを検討する。

• 著作権利用許諾の「交渉」をするロールプレイを行う。

---

7 ┃ 日本でのローカライズと実践について
──新しい価値を生む創造性の育成

　以上，ここまで情報モラル教育の現状と問題点を中心に見てきた。

　ここで改めて従前の情報モラル教育とデジタル・シティズンシップ教育の違いを表にまとめ，今後，進むべき方向を確認しておきたい（表3）。なお，情報モラル（モラル性）とデジタル・シティズンシップ（市民性）を比較した項目と，情報モラル教育とデジタル・シティズンシップ教育を比較した項目が混在しているので留意されたい。

　情報モラルが消極的倫理や自己の内面（道徳的心情）を問うことが多い傾向に対して，デジタル・シティズンシップは積極的倫理の立場をとり社会性（公共道徳）を問う傾向がある。

　最後に，情報モラル教育からデジタル・シティズンシップ教育への転換を推進するにあたって，日本で実践する場合のローカライズについて述べる。

　ひとつは，これは筆者の希望であるが，日本で進めるデジタル・シティズンシップ教育のコンセプトには，ぜひ「創造性の育成」を付け加えてほしい。

　「情報社会の影」や「○○しない」といった消極的な倫理を扱わざるをえない情報モラル教育で，創ることで学ぶといった構築主義的な学びや「創造性の育成」を目標とするのはなかなか難しい。第3節や第6節で例示したように，知的財産権教育においても，情報モラル教育では，消費者視点での注意喚起に終始し，生産者，創造者，著作者としての視

表3　情報モラル（教育）とデジタル・シティズンシップ（教育）の比較

情報モラル（教育）	デジタル・シティズンシップ（教育）
情報社会の特別な道徳・態度	社会に共通に必要な市民性
心情・態度の育成	社会的責任・共通理解
〜しない・〜できる・〜しようとする	〜を考える（検討する）・〜を議論する・〜について対話する
安全，健康，道徳（徳目）	市民性・社会性・公共性（公共道徳）
日本限定	世界標準（ローカライズは可能）
専門的・詳しい人物による「指導」	普遍的・誰もが公平に「参加」
教師による注意喚起・しつけ	教師の模範的行動／態度の表明と社会参加
情報社会の「影への対応」	社会への積極的な「参画」
行動主義的・教師中心主義的・教授指導（学習者は教えられる側の子どもと規定）	社会的構成主義的・学習者中心主義的・対話型学び（学習者を社会の一員と規定）
危険，恐怖，不安等の負の刺激のインプット	視野の拡大による気づきのアウトプット
悪行や過失とその帰結のインプット	最適解（最善策・最善の選択）のアウトプット
1話完結型の学習	オープンエンドの学習
他律的	自律的
抑圧的・ブラックリストの提示	促進的・ホワイトリストの発見
テクノロジーの利活用に対して消極的	テクノロジーの利活用に対して積極的
物事に対する否定的感情の醸成・心情的規範	物事に対する批評的批判的な感情や思考の醸成・クリティカル・シンキング
問答による直線的な心情理解	自由対話による多様性の理解
行動に慎重，非行動	冷静な行動
消費的・消費行動	消費・生産（発信者）両面，創造的

点での教育はまず見られないのである。

　生徒指導に組み入れられる情報モラル教育では，さらに難しいと思われる。

　たとえば，生徒指導の有識者が携帯電話の学校持ち込みについて議論した文部科学省の「学校における携帯電話の取扱い等に関する有識者会議」の2020年「審議のまとめ」では，次のように述べているからである。

> 　近年では，個人の情報端末を学校に持ち込み，教育活動に用いるBYOD（Bring Your Own Device）の取組が一部の学校で進みつつあるが，本有識者会議は，登下校時の児童生徒の緊急時の連絡手段の確保等のために，携帯電話をどのように活用するかを検討するものであり，教育活動を目的とした ICT 機器の持込みについては，教育における ICT の利活用の在り方との関連で検討されるべき事柄であることから，今般の議論の対象からは外すこととした。なお，教育における ICT の利活用については，学校や教育委員会において，その積極的な利活用に向けた取組を進めていくことが望ましい。

　このように，携帯電話等の端末を学校に持ち込むことと，ICT の学習利用とは別問題であると分断するような姿勢を見せる生徒指導の文脈に，おそらく，創造性の育成が入り込む余地はないだろう。

　だが，日本でこれから始まろうとしているデジタル・シティズンシップ教育にはその期待ができる。

　そして，その魅力と可能性を最大限引き出し，より善き教育を展開していくためには，欧米でグローバル・スタンダードとして学術的に研究

され，実践されているデジタル・シティズンシップ教育を，単にその手法だけ真似したり，内容をコピーしたりするだけでは不十分である。

その高い理想（思想）と目標を継承しつつ，世界標準のコンセプトの適切な解釈に基づくローカライズと新たな教育的価値の付加によるデジタル・シティズンシップ教育の充実，そして，欧米やシンガポール等のデジタル・シティズンシップ教育先進国をよく研究し，自分たちがこれから行う教育実践はもちろんのこと，諸国の教育実践に対しても「批判的検討」を続けていくことが非常に重要である。

参考文献

FEDERAL TRADE COMMISSION,Video Social Networking App Musical.ly Agrees to Settle FTC Allegations That it Violated Children's Privacy Law，PROTECHTING AMERICA'S CONSUMERS Press Releases, February 27, 2019, https://www.ftc.gov/news-events/press-releases/2019/02/video-social-networking-app-musically-agrees-settle-ftc（最終閲覧2020年10月26日）

石原一彦「情報モラル教育の変遷と情報モラル教材」『岐阜聖徳学園大学紀要（教育学部編）』50，2011年2月，101-116頁
一松信「談話室レポート『情報公害シンポジウム』」情報処理学会『情報処理』12（9），1971年9月15日，589-590頁
大谷卓史「子どもにSNS（Social Networking Service）を使わせるべきなのか──最近の情報倫理学文献からの検討」『電子情報通信学会技術研究報告』113（442），2014年2月27-28日，121-126頁
越智貢「『情報モラル』の教育──倫理学的視点から」越智貢・水谷雅彦・土屋俊編『情報倫理学──電子ネットワーク社会のエチカ』ナカニシヤ出版，2000年
上村崇「情報倫理教育の実践報告──事例を利用した個人情報とプライバシー概念の理解」日本道徳教育方法学会第17回研究大会，2011年6月
上村崇「道徳教育と情報モラル教育──心情主義の道徳教育を超えて」第6回情報倫理研究会，2014年9月
JETRO「特集　EU　一般データ保護規則（GDPRについて）」2016年11月　https://www.jetro.go.jp/world/europe/eu/gdpr/（最終閲覧2020年10月26日）
著作権情報センター・日本教育情報化振興会「著作権教育の段階的指導モデル──5分で

　できる著作権教育」2011年6月17日　http://chosakuken.jp/（最終閲覧2020年10月26日）

土屋俊「情報倫理とは何か」インターネットと教育フォーラム実行委員会・情報倫理の構築プロジェクト，’99「インターネットと教育」『フォーラム実践報告集』1999年11月，197-200頁

東京都立教育研究所科学研究部産業教育第一研究室編『中学校技術科におけるコンピュータ教育に関する基礎的研究』東京都教育委員会，1989年

日本教育工学振興会（JAPET）「文部科学省委託事業『情報モラル』指導実践キックオフガイド」2006年　http://www.nctd.go.jp/5min_moral/contents/download/moralguide_all.pdf（最終閲覧2020年10月26日）

バイナム，テレル・ワード「グローバルな情報倫理と情報革命」佐藤岳詩訳，FINE京都「情報倫理ニューズレター」編集委員会『FINEニューズレター』7，2001年7月（原著：Terrell Ward Bynum, "Global information ethics and the information revolution," *The Digital Phoenix: How Computers Are Changing Philosophy,* Blackwell, 1998, pp.274-291）

浜松市教育委員会「教職員のSNS利用に関するガイドラインについて（教職員課）浜松市教育委員会会議次第」2019年10月31日　https://www.city.hamamatsu.shizuoka.jp/somu/documents/1031siryou.pdf（最終閲覧2020年10月26日）

森口繁一「情報化社会にさす光と影――新しい文明のページは開かれるか」『科学朝日（情報化社会と人間　臨時増刊）』29（10），1969年9月，23-26頁

文部科学省「第3章　これからの地域社会における教育の在り方」『21世紀を展望した我が国の教育の在り方について　中央教育審議会　第一次答申』1996年7月19日，https://www.mext.go.jp/b_menu/shingi/chuuou/toushin/960701o.htm（最終閲覧2020年10月26日）

文部科学省「第2章　各教科　第8節　技術・家庭」「平成10年告示中学校学習指導要領」1998年

文部科学省「第5章　情報モラル教育――教育の情報化に関する手引検討案」「教育の情報化に関する手引」作成検討会（第4回）配付資料，2009年1月29日　https://www.mext.go.jp/b_menu/shingi/chousa/shotou/056/shiryo/attach/1249674.htm（最終閲覧2020年10月26日）

文部科学省「教育の情報化に関する手引きについて」2010年10月29日　https://www.mext.go.jp/a_menu/shotou/zyouhou/1259413.htm（最終閲覧2020年10月26日）

文部科学省「平成29年告示小学校学習指導要領」2017年

文部科学省「情報編――平成30年告示高等学校学習指導料解説」2018年

文部科学省「教育の情報化に関する手引――追補版」2020年6月8日　https://www.mext.go.jp/content/20200608-mxt_jogai01-000003284_003.pdf（最終閲覧2020年10月26日）

文部科学省「審議のまとめ――学校における携帯電話の取扱い等に関する有識者会議」2020年7月6日　https://www.mext.go.jp/content/20200803-mxt_jidou02-000007376_

1.pdf（最終閲覧2020年10月26日）

文部科学省委託事業情報モラル教育推進事業「情報モラルに関する指導の充実に資する調
　査研究」『情報化社会の新たな問題を考えるための教材〜安全なインターネットの使い
　方を考える〜指導の手引き』エフ・エー・ブイ，2016年

臨時教育審議会「臨時教育審議会審議経過の概要（その4）〈要旨〉」『教育委員会月報』38
　(11)，第一法規出版，1987年2月，17-51頁

第 3 章

我が国の教育情報化 課題とデジタル・ シティズンシップ教育

◉

豊福晋平

本章のねらいは，教育情報化の過去と現状の課題を確認したうえで，なぜ，デジタル・シティズンシップ教育が必要なのか，その位置づけと理由を示すことである。

　周知のとおり，2019年後半から経済対策を主な理由として，児童生徒1人1台の学習情報端末整備と校内ネットワーク整備を合わせたGIGAスクール構想が急ピッチで開始されることとなった。もともと文部科学省が想定していた第3期教育振興基本計画に含まれる3学級に1学級相当の情報環境整備と比較すれば明らかに飛躍した整備条件に加え，2020年2月以降のコロナ禍が影響したことで，構想の実施実現が令和2（2020）年度内にすべて前倒しされて加速度が増し，各地の学校では，かつてなかったような経験をすることになる。

　降って沸いたような大量の情報機器整備に関して，各地の導入経過の報道がなされるようになり，学校現場では半ば興奮状態にある反面，あいかわらず急速な変化に対する不安感や拒否感も根強いことは否めない。

　たとえば，日本の学校はLL（Language Laboratory）教室，OHP（Over Head Projector），書画カメラ，電子黒板の導入，あるいは，デスクトップコンピュータからタブレット端末への切り替えなど，さまざまなテクノロジーの導入と，そのたび半ば現場丸投げの導入のゴタゴタを経験し，そのたび教員研修や活用のための研究授業が企画されるのに，期待されるような普及には至っていない過去がある。こうした積み重ねが，テクノロジーに対する不信や諦観となって澱のように堆積しているように見えるが，これまでの教育情報化の営みはそれらに正面から応え，課題解決してきたとは言えない。だから，GIGAスクール構想も結局また同じではないか？　という危惧を抱くのも無理からぬことだ。

そこで，本章ではまず，第1節で，日本の教育情報化が世界から見てどのような位置づけにあるのか検討し，第2節で，日本の教育情報化の失敗がどのようなカラクリになっているのか考察する。最後に第3節で，今現在進行中のGIGAスクール構想に沿った戦略とデジタル・シティズンシップ教育の必要性について述べる。

1 世界から見た
日本の教育情報化の位置づけ

1. PISA・ICT活用調査に見る日本と諸外国との比較

　学校ICT環境の活用実態を国際的に比較するためのほぼ唯一かつ大規模な調査と言えるのがOECD（経済開発協力機構）のPISA（生徒の学習到達度調査）である。周知のとおり，3年に一度行われるPISAは，義務教育修了時の15歳生徒を対象とした学習到達度調査でマスコミにもよく登場する。日米英仏伊濠といった先進国以外にチリ，ドミニカ共和国，トルコ，ウルグアイといった国も参加している。

　PISAの目的は学力順位を公表することではなく，むしろ，政策の比較分析とより良い処方のための基礎資料を得ることが目的なので，学力以外の側面でも社会・経済・文化的背景などが並行して調査されていることは意外と知られていない。

　ICT活用調査はそうした並行調査項目群のひとつであり，OECDサイトから誰でも60万件超の調査粗データを入手して分析することができる。ICT活用調査の項目としては，学校・家庭の機器整備の利用率，学習・

指導におけるデジタル機器の主な使用者，ネット利用時間のほか，各用途についての利用頻度を問う項目がある。これら調査項目の中から，特に機器利用率と用途別頻度について日本と諸外国との比較をしてみよう。

　まず，最初は図1の学校における機器利用率のPISA2018結果である。こちらでは「学校には次の機器がありますか？」と問い，回答選択肢は「はい，使っています」「はい，でも使っていません」「いいえ」の3つである。さまざまなドットは各国別の「はい，使っています」回答割合すなわち利用率を示し，調査国全体の平均を黒線で，日本の割合を点線でわかりやすくした。どの項目も日本の利用率は全体平均を下回っており，特に無線インターネット接続，ノートPC，タブレットPCは最下位レベルである。

　次に示すのは，図2の生徒自宅における機器利用率のPISA2018結果である。こちらも学校機器利用率と同様，「自宅には次の機器がありますか？」と問い，回答選択肢は「はい，使っています」「はい，でも使っていません」「いいえ」の3つである。結果表示も前図と同じ形式による。これによると，ネット接続ありの携帯電話は全体平均とほぼ同じだが，コンピュータの利用率は全体平均よりも劣る。特にノートPCや

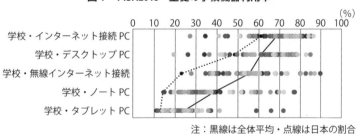

図1　PISA2018・生徒の学校機器利用率

注：黒線は全体平均・点線は日本の割合

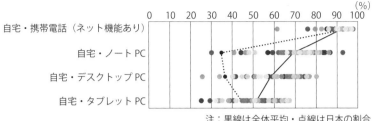

図2　PISA2018・生徒の家庭機器利用率

注：黒線は全体平均・点線は日本の割合

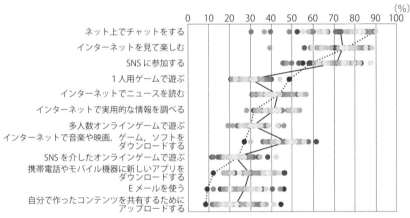

図3　PISA2018・生徒の私用ICT活用頻度

注：黒線は全体平均・点線は日本の割合

デスクトップPCの値はかなり低めであった。

　図3はPISA2018で生徒の私用ICTの活用頻度についてまとめたものである。それぞれの項目について5つの選択肢のうち「毎日」「ほぼ毎日」と回答された割合を集計し，さまざまなドットは各国別の割合を示している。黒線は調査国全体の平均で，点線は日本の割合である。

　黒線よりも点線が右側にある項目，つまり，日本が全体平均よりも多い用途に着目すると，「ネット上でチャットをする」「1人用ゲームで遊ぶ」が目立つ。一方，「SNSに参加する」「インターネットで実用的な情

報を調べる」「Eメールを使う」「自分で作ったコンテンツを共有するためにアップロードする」といった項目は全体平均よりも著しく低い。

チャットは日常の交友範囲を媒介するもので，1人用ゲームは娯楽パッケージの消費である一方，オープンなインターネットで調べ物をしたり，創作物をネットで共有したり，といった用途は著しく低く，その偏り方はかなり独特の傾向を示している。

次に示す図4，図5は，PISA2018における校内外の学習用途のICT活用頻度についてまとめたものだ。

たとえば，図4の校内活用で「学校でネット上のチャットをする」の日本の割合は12％であるのに対し全体平均は31％，最も割合が高いのは64％のフィンランドであった。全体的な傾向を見ると，校内よりも校外のほうが各国のバラツキが大きいが，校内外を問わずすべての項目で日本は最下位レベルにあることがわかる。

図4　PISA2018・生徒の校内学習用途ICT活用頻度

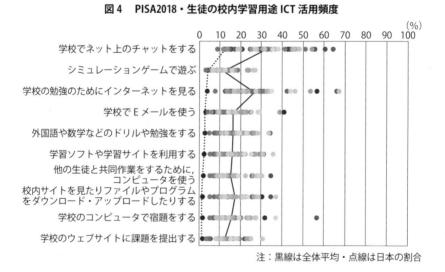

注：黒線は全体平均・点線は日本の割合

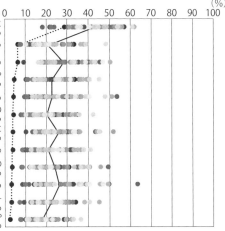

図5　PISA2018・生徒の校外学習用途 ICT 活用頻度

注：黒線は全体平均・点線は日本の割合

　図6から9は，校内外の学習用途 ICT 活用頻度について，項目回答値（0～4で頻度を表わす）の単純合計の平均を求め，スコア上限値に対するパーセンテージを国別にまとめたものである（調査回によって項目内容は少しずつ異なる）。図6は PISA2009，図9が PISA2018のものだ。

　これによると，日本は PISA2009から PISA2018まで一貫して左下の位置にあって動かないが，他国は調査回を追うごとに右上の方向に離れていく傾向が明らかだ。世界的に見れば，日本は少なくとも10年以上他国から完全に取り残され，しかもその格差はより著しいものになっていることを意味する。

　ちなみに，PISA2018では読解力が8位から15位に低下したことが話題となったものの，数学的リテラシーは5位，相変わらず調査参加国の中ではトップグループに位置しており，過去の PISA ショックのような差し迫った危機感もないせいか，ICT 利活用スコアが毎回世界最低であ

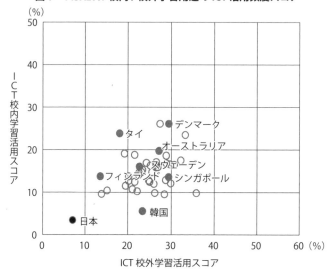

図6　PISA2009 校内／校外学習用途の ICT 活用頻度スコア

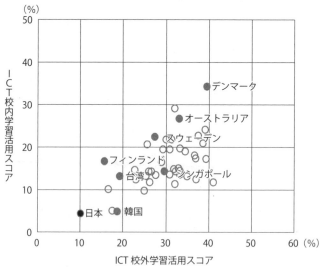

図7　PISA2012 校内／校外学習用途の ICT 活用頻度スコア

　第3章 ● 我が国の教育情報化課題とデジタル・シティズンシップ教育

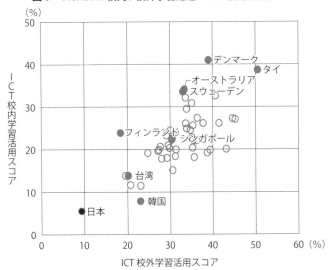

図8　PISA2015 校内 / 校外学習用途の ICT 活用頻度スコア

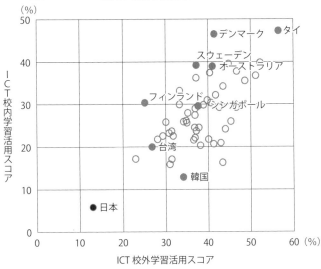

図9　PISA2018校内 / 校外学習用途の ICT 活用頻度スコア

ることにはほとんど関心が向けられない。そればかりか，日本型学校教育モデルの自信は，ICT を用いないことさえひとつのスタイルであるような，いびつな解釈につながっているように見える。

2．普及しなかった児童生徒の1人1ID

PISA2018 ICT 活用調査の用途別活用頻度の項目で，特に，日本の学校で馴染みがないと考えられるのは，SNS やメールを用いたコミュニケーションやファイルアップロード・ダウンロードに関するものだ。校内項目で唯一10％を越えた「学校でネット上のチャットをする」は大半が私用の LINE アカウントを用いたものと考えられ，当然それらは学校側の公的なサービス（推奨手段）ではなく，どちらかと言えば，むしろ生徒指導上の取り締まり対象と言える。

文部科学省が毎年調査を行う"学校における教育の情報化の実態等に関する調査[1]"には，かつて児童生徒／教員の電子メールアドレス付与という項目が存在した。児童生徒は平成12〜18（2000〜2006）年度，教員は平成12〜29（2000〜2017）年度のデータがある。

これによると児童生徒の電子メールアドレス付与率（学校単位で全員でなくてもカウントされる）は 8 ％から16.7％で，この間ほとんど普及しなかったことがわかる。一方，教員への付与率は平成29年度でも67.8％だが，組織外部と直接やり取りができない，いわゆるイントラネ

（1） 文部科学省・学校における教育の情報化の実態等に関する調査（https://www.mext.go.jp/b_menu/toukei/chousa01/jouhouka/1259933.htm），電子メールアドレスの児童生徒付与率は一部付与（全員でなくてもカウントされる）学校数で，教員付与率は平成12〜18年度は一部付与学校数，19年度以降はメールアドレスを付与された教員数を元に算出した。

ット型の運用が多いと言われている。つまり，学校では個人に ID を付与してオンラインのコミュニケーションを行う習慣は定着しておらず，このたびの GIGA スクール構想で突然児童生徒に ID を割り振って学習履歴を残すのだ，などと言い出しても，学校現場ではそのような運用にそもそも慣れていない，ということがわかる。

　OECD と文部科学省の統計結果から言えることとして，世界的に見れば日本の教育情報化の遅れは著しく，しかも少なくともこの10年以上の情報環境や活用状況は変化がない。日本の学校現場では情報環境整備ニーズも危機感もほとんどなく，むしろ，テクノロジーに対する慎重論や厄介モノ扱い論のほうが噴出しやすいことは，世界的潮流から完全に孤立している現状をさらに深刻なものにしていると言える。

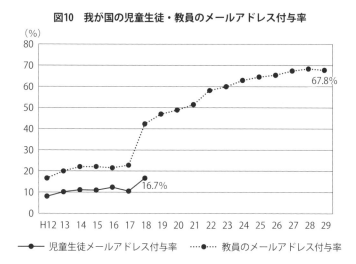

図10　我が国の児童生徒・教員のメールアドレス付与率

2 | 教育情報化の失敗の カラクリを考える

　では，このような日本独自の教育情報化の停滞がなぜ起こったのか。そもそも，①情報化効果とは何か，教育的効果を得るには何を前提としなければならないか，②情報化効果を得るための日常化になぜ多くの学校が失敗するのか，背景原因について述べたうえで，リカバリのための道筋について考えてみたい。

1．情報化効果についてのシンプルな理解

　教育情報化に関して，さまざまな場面で何度も繰り返される問いがある。それは「ICTを活用すれば，学力が上がるんですよね？」という念押しだ。我々は当然教育的な効果を期待するからICTを導入するのだが，一方で，誰でも発するようなこの問いに迷いなく「Yes」と答えることは実は難しい。

　その理由を述べる前に，そもそも情報化の効果とは何なのか，それがどのように教育効果になるのかについて簡単に述べる。

①情報化の主効果とは，単位時間あたりの扱い情報量を飛躍的に増やすこと，つまり，情報効率の改善にある。ICTの扱いに習熟するほど情報効率は高くなる。総情報量は情報効率×利用時間で表わされるので，<u>総情報量を増やすには，ICTへの習熟と利用頻度・時間・用途を増やすことが必要である</u>。

②総情報量の増加を学びにうまく活かせばプラスの効果（教育効果）が

得られるが，学びを疎外するような扱いをすれば効果はマイナスになる。

つまり，学力や教育効果は総情報量の増加を前提にした二次的作用である。学力や教育効果に結びつく要因は複数あると考えられ，たとえば，情報量増加以外にも，学習者の成績や学習動機づけ，既有知識，学習スタイルなどが相互に影響するので，情報量増加の要因だけを上手に抽出することは難しい。

一方で，情報化の効果には副次的な効果もある。それが期待効果と呼ばれるものだ。

③ ICT の多義性，あるいは特定メーカー・製品には強力な魅力があるので，利用機会がなくても，手にしただけで何か特別な力を得たような気がする。これを期待効果という。

たとえば，実験授業や機器導入の初期では，機器そのものを扱うこと自体に新奇性があるので，期待効果に引っ張られて学習者の興味関心は大いに高まるが，回数を重ねれば効果は徐々に薄れる。つまり，期待効果には持続性がないという特徴がある。

したがって①から③をまとめて言い直すと，ICT への習熟，利用頻度・時間・用途の十分な確保を前提とした総情報量増加が認められない場合は，情報化効果を議論する条件を満たさない。また，条件を満たさない状況で観察される期待効果は長続きしないので，数か月程度の短期的な導入実験や，短時間ピンポイントで ICT を使わせるような授業では，妥当な効果が検証できない。過去の教育情報化で半ば常識的に行われてきたプロセスでは，実態を十分に捉えきれていない，という疑いがある。

2. なぜ学校は情報環境の日常利用に至れないのか

　過去20年以上の教育情報化の営みとして，国政レベルでは機器整備の充実とともに教員指導力の向上がことさらに強調され，普及のための活用実践のモデル実証が並行して進められてきた。しかしながら，これが一般的な学校での普及の支えになったか，と問われれば，その答えはかなり厳しい。我が国には普及成功例がほとんど存在しないからである。

　教育情報化の革新については，フィンランドの研究者プエンテドゥラ（Puentedula）氏が示した SAMR モデルがよく用いられる（図11）。S は代替（Substitution），A は増強（Augmentation），M は変容（Modifica-tion），R は再定義（Redefinition）をそれぞれ示す。先に述べたように，情報化の主効果は情報効率の改善と利用頻度・時間・用途の増加によって総情報量を増やすことにあるので，まずはテクノロジーの適用が既存手段の【S 代替】段階から【A 増強】段階に至ることで情報量の圧倒的

図11　教育情報化の SAMR モデルと A 増強段階へ至る急坂

	S Substitution 代替	A Augmentation 増強	M Modification 変容	R Redefinition 再定義
重点領域	わかる授業 遠隔授業・動画視聴	日常利用 情報ライフライン	学びの個別化・協働化・社会化 個別最適化とクラウド活用	
活用特徴	教員の教具的活用	学習者の文具的活用	知的生産と蓄積編集	学習プロセスの転換
活用頻度				

出所：Puentedula（2010）SAMR モデルに筆者が加筆

増加に転じ，【M 変容】段階で質的な変化に至ることが想定される。質的な変化は教育や課程そのものの【R 再定義】段階につながる。

　では，日本国内の大半の事例（実証事例や先進校モデルも含め）がどの段階にあるのか考えてみると，お披露目の研究授業のために，大変な苦労をして指導案を書き，授業準備をしても，一度授業を終えてしまえば力尽きて後が続かないことが多い。【A 増強】段階への急坂（利用頻度・時間の増加）を登り切れずに奈落の底へ滑り落ちてしまう。

　理由はさまざまながら，教員個々人の力量以前に①授業立案自体に無理がかかること，②たまの授業で ICT 活用しても苦労しただけの効果を実感できないこと，③教員も児童生徒も ICT 操作に慣れていないため利用場面でトラブルが続出し授業が中断しがちであること，などが考えられる。こうした事例の場合は，当事者が情報化効果を十分実感できず，他者に対しても合理的に説明できないので，情報化推進を持続することが困難になる。

　一方，数は限られるものの【A 増強】段階の踊り場に至った（持続的に扱う情報量が多い状況を維持できている）学校にインタビューすると，必ずと言っていいほど「普段から自然に普通に使っています」という台詞が返ってくる。この「自然・普通」という言い回しは【A 増強】段階に達した当事者には当たり前のことなのだが，【S 代替】段階で何度も急坂を登れずにいる関係者には理解しがたい。先ほどの【S 代替】段階の奈落の底にとどまる理由と対比させて少し言葉を補うとすれば，①授業立案にそれほど負荷がかからないこと，②毎日のように授業で ICT 活用していることが効果を実感させていること，③教員も児童生徒も普段使いで操作スキルが底上げされているので，利用場面でのトラブルが

ほとんど起こらない，ということになる。つまり，ICTは電気や水道と同様，自然に普通に使えるのが当然の状態で，ICTのない段階に戻ることなど，もはや考えられないということだ。

踏み込んで言えば，前提として【A増強】段階のICTの日常的利用と習熟が十分満たされていなければ，どんなに教員指導力を高めたところで有効に活かすことはできない。

3. 学校と家庭とのデジタル・デバイド問題

学校でのICT活用研究では，もっぱら教科の系統性や授業の目的に焦点づけた検討が緻密に行われる一方，教育関係者は学校と家庭との情報環境ギャップについて驚くほど無関心であった。

周知のとおり，学校の情報化は1990年代から本格化したものの，20年以上その情報環境の水準は変化していない。インターネットが普及しようと，校務情報システムが導入されようと，学校内でICTを使う機会はほとんどなく，児童生徒・保護者との情報のやりとりは，あいかわらず対面と紙媒体を用いることにこだわり続けている。

一方で，総務省通信利用動向調査によると，2019年の結果では学齢児保護者世代の20〜59歳のインターネット利用率は97.7〜99.1％に及ぶ。内閣府消費動向調査によると，2020年3月現在の一般家庭でのスマートフォン普及率（2人以上世帯）は84.4％で，プライベートでの動画視聴やゲームなどの娯楽，チャットアプリを用いたメッセージのやりとり，通販サイトの利用など，家庭ですでにさまざまな用途に活用されているのは言うまでもない。

子どもや保護者から見れば，家庭では普段からデジタルべったりの生

活をしているのに，学校に関わる部分だけはその常識が通じない。これが過去20年拡大し続けてきた学校・家庭間のデジタル・デバイドの問題である。

デジタル・デバイド（情報格差）とは，ICT を利用できる人とできない人との間にもたらされる格差のことを示す。もともとは都市部と過疎地の情報インフラ格差や，社会的条件・世代間格差などを示すときに用いられていた。

学校・家庭間のデジタル・デバイドが厄介なのは，主に次の３点の理由がある。

ひとつめは，学校側が自分たちのテクノロジーの使い方を正当なものだと主張して絶対に譲らないことだ。学校はもともと明治以来の地域の近代化を牽引する役割を担ってきたので，ミシンやオルガンといった家庭には存在しなかった当時の最先端テクノロジーに触れ，同時に，学校でしか学べない科学や技術の合理性を学ぶ機会を提供してきた。

しかし，ICT に関して言えば，ここ10年ほどは学校が一般家庭よりも遅れをとることが顕著になり，技術を先取りして将来を展望するよりも，むしろ，そうしたものを積極的に排除して古き良き時代へ回帰するような，俗世から隔絶された道場や宗教施設のような役割に変化したと言える。学校内でのテクノロジーの活用は教科学習目標で上書きされ，意図的に矮小化され，児童生徒が家庭で使うテクノロジーは，生活指導上の面倒を引き起こすネガティブ要因として情報モラル教育で積極的に抑制・禁止されるべきものとされてしまった。そして，学校と家庭間のギャップは積極的に無視されるようになり，学校におけるテクノロジーの革新は完全に歩みを止めてしまったのである。

2つめは，学校・家庭間のデジタル・デバイドが拡大したことで，学校がもはや公的なセーフティ・ネットとしての役割を担えていないという問題である。大半の家庭の情報環境は学校よりも充実しており，子どもも家庭生活で情報機器を扱う機会があることから，学校がどんなにアンチ・テクノロジーの状態でも大きな問題は生じないが，主に経済的な理由で十分な情報環境を作れない家庭は，保護者も子どもも情報機器に触れる機会がない。学校でのICT利用シーンがほとんどなければ，ICTの知識スキルも学べないので，格差の再生産を止めることはできない。公教育の「広く遍く」の発想からすれば，これは明らかに学校としての責任を果たせていない大問題と言える。

　3つめは，学校・家庭間のデジタル・デバイドを半ば放置し，正面から向き合わないことで，学校側が余計にICT活用しにくくなる悪循環に陥っているということだ。表向き教育情報化は政策目標のひとつであり，継続的な予算措置も行われてきているけれど，授業シーンでは教具のひとつとして極端に矮小化され，ピンポイントで使うことばかりが強調されるので，年に数回無理矢理使って（使わせて）帳尻を合わせるような活用になってしまう。

　普段ICTが使えていない学習場面に無理矢理ICTを持ち込むと，どのようなことになるか考えてみればよい。教員は扱いに慣れないので，授業を円滑に進めるために児童生徒の機器操作や手順を統制し，自由に扱える時間を切り詰めるようになる。ICT操作スキルが比較的高い児童生徒は教員が与えるタスクが単純すぎてつまらなくなり，学習場面で扱う動機づけを早々に失ってしまう。過剰に操作手順の統制を行えば，子どもたちの高いスキルを授業に上手に活かすこともできない。一方，

ICT操作スキルが足りていない児童生徒の場合は、ピンポイントで余裕のない時間で十分な試行錯誤が行えないので、与えられた単純操作しか行えず、スキルも身につかず、初歩的なミスを連発して授業進行の足を引っ張ってしまう。

たとえば、中学校段階になるとキーボード入力スキルでも大きな差がついてしまうので、ほとんどブラインドタッチでできる子もいれば、ローマ字表と首っ引きでないと入力できなかったり、わざわざタブレットの手書き入力画面にペン入力して変換するような非効率きわまりない方法でやっていたりという状況が見られる。にもかかわらず、学校では誰も基礎的な操作トレーニングをケアせずスキルの底上げをしないので、放置された格差が授業設計をより難しくしている。

これらのようなデジタル・デバイドを打破するには、学校がデバイドの低い側にいる状況をよく認識すること、家庭での情報活用にポジティブな要素を見出して、むしろ、キャッチアップすべき対象としなければならない。

図12　学校・家庭間のデジタル・デバイド問題

4．教員主導型の ICT 活用では授業を牽引できない

　海外で児童生徒が ICT を活用するタイプの授業を視察すると，日本の授業スタイルとの違いに驚かされる（もちろんプロジェクタとスライドを利用した講義型授業もあるが）。

　日本の典型的 ICT 活用授業は一斉授業形式で行われるので，たとえば，冒頭で掲出された問いが，さまざまなやりとりを経つつ，ねらった場所に必ず着地する授業シナリオの緻密さと臨機応変な指導力の高さに注目することが多い。教員が場面を取り仕切っている時間が長いので，その間，児童生徒の手元にあるコンピュータは授業支援システムでロックダウンされており，具体的な扱い方の指示とともに 3 ～ 5 分といったレベルで，ごく単純な作業（タブレットに手書きで意見を書込むなど）が割り当てられ，結果をすぐに教員が引き取って解説に反映させるという段取りになっている事例が多い。

　一方，海外の事例では，教員がだいたい冒頭の数分でやるべきことをてきぱき指示したら，後は学習者中心のコンピュータを使ったペアワークやグループワークにたっぷり時間を割り当てるのが普通だ。後の時間で教員は，机間をめぐりながらそれぞれの進捗をチェックしたり，作業について質問に答えたりしている。毎時間の終わりに丁寧なまとめを行うわけでもなく，授業時間はあっけなく終わってしまう。こうした光景を目の当たりにすると，対極にある日本の教員の授業指導の細やかさをあらためて実感する。

　しかしながら，授業指導力という教員目線を一度リセットすると，トータルとしての学習価値はどちらが高いかについて，にわかに結論でき

ないことに気づく。

　日本の教員主導型 ICT 活用では，授業時間の大半を教員が統制し，短時間割り当てた ICT 機器操作もステップ・バイ・ステップで行われるので，慣れている児童生徒にとっては冗長で無駄な時間になってしまい，一方の慣れない（低スキルの）児童生徒にとっては，いきなり的確な操作を求められることが大きなストレスになる。数分単位の余裕のない授業展開では，些細な操作トラブルやエラーが致命的な時間浪費となり，教員負担をより過剰なものにする。

　これに対し，学習者中心の展開では児童生徒に段取りが任されるので，単なる放任主義では糸の切れた凧のようになってしまう恐れがあるが，児童生徒の側も，比較的長い作業時間を自分で配分しながら作業を進めることに慣れており，文房具のように ICT を普段使いしているので一般的な操作ではほとんど致命的なエラーは生じない。特に騒がしくなることもなく粛々と作業が進み，教員の負担はそれほど高いようには見えない。こうした学習者中心の作業形態は，一朝一夕でできるものではなく，普段からの授業スタイルと自己調整能力をつけさせるような習慣づけが有効に作用しているのだろう。

　このように，従来の教員主導型の一斉授業に ICT 活用を持ち込むと教員負担が過剰になることから，授業実践が敬遠されがちになるのは無理もない。教員指導力を求めても過去20年以上にわたって十分な普及がなされないのは，一斉授業と ICT 活用のマッチングの悪さに理由があると考えるのがむしろ妥当であろう。

5. ICT を使うための無理は続かない

これまでに述べたことを簡単に整理すると，次の4点にまとめられる。

・ICT 活用の教育効果は，もっぱら情報化の主効果（総情報量の圧倒的増加）が二次的に作用して得られるもので，一時的な期待効果は持続しない。主効果を得るためには，ICT への習熟で情報効率を高め，利用頻度・時間・用途を確実に増やすことが必要である。

・ICT 活用が日常化できない学校では，ICT 活用の授業立案が負担になり，活用しても効果が実感できず，操作に不慣れなために授業が中断しがちである。ICT の日常利用が維持できている学校は，授業立案が負担にならず，毎日使っていることで効果が実感でき，利用場面でトラブルは起こらない。

・学校・家庭間のデジタル・デバイドが深刻になっているのに，学校側はデバイドの低い側にいることが十分認識できておらず，正面からデバイド克服に向き合わないので，余計に ICT 活用が困難になっている。むしろ，家庭側の常識に合わせる必要がある。

・教員主導型の一斉授業に ICT 活用を持ち込むと教員負担が過剰になり敬遠されやすい。学習者中心の展開に変えることで教員負担は軽くなるが，学習者側の自己調整能力を習慣づけておかないと，学習者に委ねることはできない。

つまり，いつどんなときも良い授業を組み立てるための教員指導力が否定されることはないが，それは負担や困難が過剰な状態で無理を続けることを意味するものではない。まずは，現実的に持続可能な条件を整えることを第一に考えたい。

3 | GIGA スクール構想での戦略と デジタル・シティズンシップ

　2019年に開始された GIGA スクール構想は，児童生徒 1 人 1 台の学習情報端末整備と校内ネットワーク整備を集中的に展開するもので，過去に教育情報化の最も大きな課題であり続けてきた機器整備面を大幅に改善することが期待されている。

　ただし，過去の国や自治体の教育情報化事業がそうであったように，機器整備のみを充実させても学校での活用が急に増えるわけではなく，さまざまな取り組みを合わせて行わねば成功は難しいだろう。そこでこのセクションでは，先に述べた現実的に持続可能な条件を揃えるための戦略と，これらとセットで進めるべきデジタル・シティズンシップ教育の意義と展開について解説したい。

　過去の教育情報化課題と GIGA スクール構想を基盤としたこれからの教育情報化の道筋は次の 3 点で示すことができる。すなわち，

- 教員主導の教具 から 学習者中心の文具 へ
- ICT 活用授業の研究 から 日常のデジタル化 へ
- 抑圧と禁止 から 自律と活用 へ

である。

1．ICT 教具論 / 文具論の違い

　ICT の授業活用には大雑把に 2 つの考え方がある。教員主導で積極的に授業も手段も統制すべきという ICT 教具論と，学習者側に学習プロ

セスを委ねて教員はサポートに回るべきという ICT 文具論である。

　表1にまとめたとおり ICT 教具論 / 文具論の対立は，その認識から適用まで決定的に解釈が異なるところに特徴があるのだが，これはコンピュータの教育適用が検討されはじめた1960年代にまでさかのぼる。ICT 教具論はバラク. F. スキナー氏が考案したティーチングマシンをコンピュータに実装した CAI（Computer Assisted Instruction）や，手書き板書の代わりに透明なプラスティックシートに油性ペン書きしたものをスクリーンに大写しする OHP（Over Head Projector）などがもとになっている。一方の ICT 文具論はシーモア・パパート氏による子ども向けプログラミング言語 LOGO の開発や，パーソナル・コンピュータの父と呼ばれるアラン・ケイ氏によるダイナブック構想などにその特徴を見るこ

表1　ICT 教具論 / 文具論の違い

	ICT 教具論（教員主導の教具）	ICT 文具論（学習者中心の文具）
社会背景と位置づけ	工業社会（19〜20世紀） ICT は仕事と娯楽の手段	情報社会（21世紀） ICT は個人の知的活動を支える道具
利用シーン	特定場面で限定的に使わせる 逐次指示して操作応答させる	学習者が判断選択して使う 学習者が段取りして作業・構成する
ICT に求める機能	教員による集中管理・監視 反応制御・利用抑制	知的生産性の向上，学びのデジタル・モビリティ，情報ライフラインの確保
教員に求める能力	教員指導力と授業実践の熟達	学習者に対する分析と処方
学習者に求める能力	（ICT スキルを前提としない） 単純タスクへの応答，抑制的態度	学習の基盤となる ICT スキル 学習の自己調整能力，自律と活用

とができる。

　学校への導入・実装でICT教具論／文具論の発想の違いが際立つのは，表中の「ICTに求める機能」である。ICT教具論は教員による授業制御を第一に考えるので，特定の授業シーンでのみピンポイントで使わせ，その操作手順はしかるべく単純で短時間に行われることを求める。指示した場面以外ではロックダウンして使わせないから，授業外の休み時間などで勝手に使うことはもってのほかだし，仮に家庭に持ち帰りが許されても，指定したドリルアプリで学習用途に使うこと以外は禁止される。これに対し，ICT文具論は個人の知的活動を支えることに主眼があるので，文字通り文具のようにどこでもデジタルの環境を持ち歩き（デジタル・モビリティ），相互の情報流通や知的生産に寄与すべく，これらを扱うための情報ライフライン（1人1台情報端末・学校公式ID・クラウドサービス）を提供し，日常利用することを前提とする。

2．学習者中心の文具へ

　GIGAスクール構想の目玉でもある学習者1人1台の学習情報端末整備には，多額の国費が投じられるので，導入そのものを円滑に進めることに加えて，導入後の積極的な活用が望まれるのは言うまでもない。ただし，過去の教育情報化の諸事業がそうであったように，学校に導入されたものの，使われる機会が失われ鍵のかかった倉庫や開かずの教室でそのままガラクタ化する経験を我々は何度も繰り返してきた。学習者1人1台端末に関して言えば，私立の中高一貫校を中心としてすでに数年前からタブレットの導入が行われ，入試上のアピールポイントにもなってきたのだが，実際の運用ではつまづいているケースも少なくない。こ

れが俗に言う「死蔵・文鎮化問題」である。

　死蔵化とは，情報機器にカギを掛けたまま使わせないことを指す。一方文鎮化とは，子どもに情報端末をわざわざ学校に持参させても，授業や学校生活で使うシーンを積極的に設けないことをいう。死蔵化の場合は使わぬまま機器が朽ちることだけが問題だが，文鎮化の場合は，使う機会のない機器を子どもが次第に乱暴に扱って壊すようになる，までがセットである。極端に故障・破損修理の対応数の多い学校は間違いなく文鎮化の課題を抱えている。

　先に述べてきたように，情報化を成功させる大前提は利用頻度・時間・用途を増やして，扱い総情報量を増やすことなので，使わずに眠らせることには一切の言い訳が成り立たない。ICT 教具論は一見すると従前の授業論の延長にあるのでわかりやすいが，教員側に生じる過剰な負担と，教員の制御によって学習者側の利用が抑制され自律を損なうマイナス面が大きすぎるので，持続的な活用を前提に考えるほど難しくなる。

　一方，ICT 文具論として学習者中心の文具にする際は，具体的には，①生活全般や学びにおける道具的位置づけと使用頻度を高め必需品にする，②責任ある利用方針（第 1 章，第 4 章を参照）のもと，機器の扱いや管理を子どもに任せる，③機器の天板にシールを貼ったり，画面背景の壁紙を自分の好みに変えたり，といった個性化によって大切に扱うよう促す，などのはたらきかけを行うことが欠かせない。ICT 教具論の管理制御的発想の対極にあるからといって，ICT 文具論は個人に丸投げ放任にするものだと捉えるのは間違いである。

　GIGA スクール機器の導入時には，子ども 1 人 1 人に梱包ごと手渡しし，真新しい機器を取り出して最初のセットアップを行う，俗に言う

「開封の儀」をセレモニーとして行う事例が見られる。子どもにとっては高価な機器の梱包を解く経験は貴重（しかも導入時に一度しかできない）なので，自分持ちの機器への愛着を高めるうえでは大きな効果が期待できる。

3．学校日常のデジタル化へ

学校でのICT活用を検討する際に，多くの学校関係者は授業活用を入口にする傾向が強い。そもそも学習用途に適用することが目的なのだから，正面から授業に取り組むことは誤りではないが，ICTへの習熟が十分でない状況で教科の教育目標や効果について厳しく問うてギリギリと締め上げるようなやり方を続けても，期待するほどの結果は得られにくい。

先に述べたように，SAMRモデル【A増強】段階の踊り場（持続的に扱う情報量が多い状況を維持できている）に至るためには，導入初期におけるICTへの習熟と利用場面・時間・用途を増やす必要があり，これらと学習とのつながりを模索していくのがおそらくは正しいやり方だ。

たとえば，子どものICT活用シーンを授業の内外も含めて俯瞰してみると，図13のとおりとなる。上段はICT教具論に基づく従前型のピンポイント活用をイメージしている。

これまでの教員主導の教具型活用では，主に知識技能習得を目的とした「わかる授業」に一部ICTを用いる方法であった。子どもの生活時間全体から見ると，もっぱら教員だけが扱うICTの時間はきわめて短い。これに対して，学習者側に情報端末がある状況では，教員主導のやり方以外の用途と時間が圧倒的に増える可能性があり，これらの扱い方

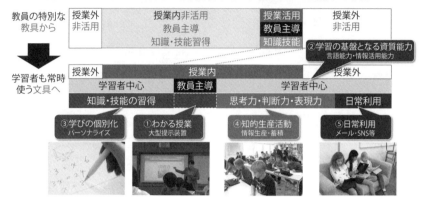

図13　教員主導の ICT 活用から学習者中心の多様な学びを展開する手段へ

次第で利用頻度・時間・用途が大きく変わりうる。

　この中では，図左側の，①わかる授業と③学びの個別化は，もっぱら知識・技能の習得を目的とした活動として捉えられ，一方，図右側の，④知的生産活動や⑤メールや校内 SNS の日常利用といった用途は，思考力・判断力・表現力等の育成に関わる部分である。特に知的生産や日常利用に関する使い方には，キーボード入力等を前提とした情報活用能力（習熟）がある程度必要とされる（②学習の基盤となる資質能力）。いずれの活動も特定の授業内にとどまらず，授業の外でも家庭でも扱えるようにしておくことが重要だ。

　用途の①③④については，教科・学習内容・用途に深く関わるほどアプリやコンテンツの選択肢は狭くなり利用頻度も高まらない，といった問題が生じやすい。一方，②や⑤に関わる日常利用では，できるだけ汎用のクラウドツールを使って慣れることで，さまざまな用途に応用しやすくなるというメリットもある。

　たとえば，

- 手書き連絡帳・紙媒体のおたよりや資料配付をデジタル連絡帳に置き換える
- 宿題や課題の割り当て・提出受付け・添削返却を Classroom サービスやドキュメントの校閲機能を使って行う
- ビデオ会議システムを応用して，オンライン朝の会のほか，保護者会や個人面談に使う
- フォームを用いてアンケート実施と集計結果の共有を行う
- 撮影した写真や動画をクラウド上で共有して，まとまった作品を編集する
- 学習成果を校内ブログに記事としてまとめ，友だちや保護者からコメントをもらう

　こうした一般的な使い方は教科を選ばないし，普段から使い慣れていれば，児童生徒側からも「これが使えるんじゃない？」といった提案が自然になされるようになる。

4．ICT 日常化の過程では機器・機能以外の要素が必要

　さて，ICT の日常化（利用頻度・時間・用途の増加）が進むほど教員主導から学習者に委ねるシーンが必然的に増えるので，授業中のみの想定で内容構成を考えたり統制管理をしたりといった感覚では，十分にまかないきれなくなってくるのは当然だ。

　たとえば，先述した SAMR モデルの【A 増強】段階で持続的活用を行っている学校にインタビューすると，比較的共通するエピソードとしては，導入後の 3 か月でありとあらゆる（生活指導上の）課題が噴出す

るので，この時点での対処次第で安定期に入るか否かが決まるという。児童生徒の予想外の行動や大人に対するチャレンジに対して，厳しい禁止や制限で応えれば，総情報量は増えず学習者に委ねることも困難になる。

　では，【S代替】段階から【A増強】段階へ至れば必要とされる要求も変わる，とは具体的にどのようなものか。たとえば，

①授業外活用を前提とする個々人の学校公式ID割り当て

②情報ライフライン機能の提供

③機器やサービス利用についてのガイドライン

④長時間利用が想定される場合の健康な使い方

などが考えられる。①と②はまだ機能的要素が強いが，③と④はこれまでの利用抑制的な情報モラル教育では十分に扱いきれてこなかったものだ。欧米を中心に発展してきたデジタル・シティズンシップ教育の考え方は，日常生活における情報環境の充実と現実的な課題解決を志向したものだから，まさにこの隙間を埋める重要な役割を果たすことが期待されている。デジタル・シティズンシップ教育の詳細は他章に譲るとして，このセクションでは，特になぜデジタル・シティズンシップ教育が必要とされるようになったのか，その理由についてそれぞれ述べたい。

　①個々人の学校公式ID とは，たとえば123xxxxxx@xxxxx.yyy.ed.jpのようなインターネットのメールアドレスとして表現される。@より後の xxxxx.yyy.ed.jp で学校組織を表わすことで，学校から公式に割り当てられた ID であることがわかる。

　児童生徒に学校公式 ID を付与すれば，対外的には学校公式の連絡先

メールアドレスになるだけでなく，１人１台情報端末と利用者とを紐付けるための機材管理の役割を果たしたり，あるいは，学校公式のクラウドサービスや学習サービスのログイン認証を行ったりするために用いられる。

　プライベート ID でなく各自に学校公式 ID を付与するメリットとしては，いつでも迅速柔軟に連絡応答が可能な手段を提供するだけでなく，私用と公式（大人ならば仕事）を厳然と切り分けて運用することを促す。また，個人がそれぞれ学校公式 ID を持つことで，貸与された情報端末以外からでも，自宅のパソコンや個人所有のスマートフォンでも，どの機器からでも自分のクラウド情報の環境を呼び出すことができる。

　先述したとおり，現在我が国では児童生徒に対する ID 付与がほとんど行われていないのだが，これは ICT の用途が授業中で閉じており，データを持ち込むことや持ち出すことが不可能でもさして支障がないような限定的な使い方にとどまっているからだ。

　学校公式 ID の付与は利用用途を大幅に増やす一方法であるとともに，運用上の課題も同時に増えることは想像に難くない。だからこそ，利用用途と運用課題の増加を見越した準備と教育が必要なのである。

　②情報ライフライン機能とは，ICT のうちの C コミュニケーション要素を強調したもので，双方向のやりとりが増えれば間違いなく情報量増加に大きく貢献する。

　情報のライフラインは，緊急性が高い状況でも柔軟に（用途や相手を選ばず）交信可能であること，故障や途絶の可能性を考え複数手段の冗長性を持つことが前提となる。

たとえば，コロナ禍での多くの学校の課題は，家庭とやりとりする手段を失ったことだった。普段はアナログな対面と紙媒体に頼っていたために，登校不可の状況では電話か家庭訪問か郵送か，といったおよそ非効率な代替手段に切り替えざるをえず，不安や懸念が募るなか放置されたと感じる保護者も少なくなかった。一方，一部の学校は登校不可状況でも普段から使っているメールや学校 SNS などを通じて連絡手段を維持できたので，大きな混乱が起こらなかったという。

　これまでの大半の日本の学校は，オンライン・コミュニケーションを意図的に避けてきた経緯があるうえに，生活指導上のトラブルになりやすく，そもそも児童生徒も保護者もプライベートで LINE（メッセンジャ）を使っているのだから，今さら学校がそのようなものを背負い込むのはおかしい，という意見も根強い。

　しかし，学校がこうした情報ライフラインを担うのは別の積極的・教育的な意義がある。図14はオンライン・コミュニケーションの形態を縦横2軸（パブリック対プライベートとフォーマル対インフォーマル）で示したものだ。学校と関わりなく児童生徒・保護者が相互に行っているコミュニケーションは，4象限のうちのひとつ（プライベートでインフォーマル）にすぎないので，メンバーの村八分が起こるなどの問題が生じる可能性がある。一方，学校の情報ライフライン機能では，パブリックな領域にフォーマル（形式的・文書体裁）なやりとりと，カジュアルなインフォーマルな対話を参加者全員に対して公平に提供する。つまり，正式文書の電子化による通知・申請・決裁といった用途に加え，通常ならば会議等で行うような意思決定もオンラインに移行するということを意味している。

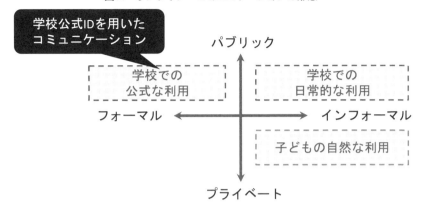

図14　オンライン・コミュニケーションの形態

一般にオンライン・コミュニケーションの使い勝手は，参加者の匿名／非匿名性・開放性・対称性によって大きく異なる。学校が提供する情報ライフラインは基本的に非匿名で，非開放で，権限者（学校）と非権限者（児童生徒・保護者）との間には行為可能な事柄に差がある（非対称）ことが多い。いずれも組織内コミュニケーションの安全維持を担保する条件にはなるが，制限を加えすぎればライフラインとしての柔軟性や冗長性を失ってしまう。

たとえば，学校でよく用いられる Classroom は，授業進行のための指示・資料配付・課題割り付け・課題回収・添削返却などを提供するサービスで，もっぱら教員（管理者）が管理運用することが前提なので，教員が発信して学習者が応答する1対多もしくは1対1のやりとりに向いているが，学習者同士のやりとりは意図的に許可しないとできない仕組みになっている。参加者（児童生徒）が信用できない場合，コミュニケーションの制限は厳格になりがちだが，基本的に相互の信頼が保たれていれば，管理者は滅多なことでは禁止や制限を行わないものだ。

1対1のフラットなやりとりを可能にするメールについては，より慎重になる学校が多いが，いずれは児童生徒がメールを普段使いすることを前提とすれば，その作法を学校で習熟することには大きな意義がある。トラブルを嫌って学校では一切使わせずに過ごすのか，それとも，練習と失敗を許容するような使い方の習熟を積極的に行うのか，その判断は学校に委ねられている。こういった場面で，テクニカルな操作方法に加え，オンライン上での責任ある行動と作法を学ぶ重要性が高まるのは明らかであろう。

　③機器やサービス利用のガイドラインは，学習者に情報機器操作やサービス利用を委ねる場面が多くなるほど必要性が増す。米国では情報端末の貸与やサービスの提供にあたってあらかじめ AUP：Acceptable Use Policy（利用許諾方針）を定め，保護者と児童生徒双方に署名を求めるのが一般的である。

　AUP 策定にあたって担当者の頭を悩ませるのは，そもそも日本国内には AUP の典型モデルがないので，必要な要素を取りこぼすのではないか，あるいは，禁止項目だらけで読まれないような代物になりはしないか，ということだ。

　フラワーズ氏とレイクス氏は，1990年代後半に分析された AUP には，ミッションステートメント，免責条項，保護者の同意書，ネチケット，誤用に対する処置，ネットワークセキュリティ，オリエンテーション要件が含まれていたと述べているが，デジタル・シティズンシップ教育の第一人者のリブル氏は，それらは禁止や抑制の表現ばかりで現実には上手く機能していないと指摘している。リブル氏は，禁止や制限ばかりの

条項よりはむしろ何が期待され，どのように目標に到達するかの指針を示すような EUP（Empowered Use Policy：権限付与的利用方針）を参考にすべきと主張している。

たとえば，サウアーズ氏とリチャードソン氏らが提唱する方法を用いて書きだしてみた中学生用 AUP 私案を次頁に示した。

この AUP に貫かれているのは，下線で示したようなデジタル・シティズンシップ教育の基本コンセプトである。また，深刻な事態が生じた場合を想定して監視・制限・禁止に関する事柄も盛り込んであるが，基本的に相互の信頼関係を損なわなければ，これらは発動されない。AUP にさまざま詰め込みすぎてしまうと，文章量ばかり増えて読まれない代物になってしまうので，ここでは原則だけを示し，一度教えればよいような事柄に関しては導入後に行われるデジタル・シティズンシップ教育をセットで持続的に展開するイメージである。

また，AUP は学校管理者側から一方的に児童生徒や保護者に課されるものになりがちだが，ある程度の年齢に達していれば，学校としての理想の使い方やルールについての検討に参加することで，自分ごととして捉え考える貴重な機会になるだろう。

④長時間利用が想定される場合の健康な使い方は，まだ学校が明確な指針を示せていない課題である。GIGA スクール構想によって学習場面での ICT 活用が常態化すれば，1 日中手元のコンピュータを使うことが当たり前になるが，従前の学校の情報モラル教育では，学校では ICT を使わないことを当然とし，プライベートで児童生徒が扱う ICT は，本来勉学に関係のない余計なこととされているので，児童生徒は容易に

○○学校　テクノロジー利用についての同意書

- 私はテクノロジーの善き使い手となるため，日々の生活や学びに役立てるためにコンピュータを使用します。
- テクノロジーは鋭利な刃物と同じです。善い使い方は生活を豊かにしますが，使い方を誤れば，自分以外に周囲の人々や社会にも危害が及びます。私は，①安全に，②責任をもって，③互いを尊重する，使い方を身につけます。
- 私は，テクノロジーの善き使い手となる成長の過程にあり，学校はそれを支える責任を負っています。適切でない使い方をすれば，場合によってはコンピュータの利用が制限され，学習活動や成績にも影響が及ぶことを理解しています。
- 違法・不適切な使用によるリスクを避けるため，学校のアカウントを用いた活動はすべて監視の対象となることを理解しています。
- 生徒の健全な育成のため，コンピュータの扱いやオンライン活動には保護者として適切な監督と関与が求められます。
- コンピュータに故障や破損が生じたときは，すぐに保護者や教員に相談します。
- 割り当てられたアカウント・パスワード・コンピュータは私が責任をもって管理します。
- 適切なメディアバランスについて考え，自身の健康を保ちます。

○○学校長　殿　　　　　　　年　　　月　　　日

生徒署名：　　　　　　　　保護者署名：

ダブルバインド（二重拘束）に陥ってしまう。また，保護者にとっても，子どもがパソコンやスマートフォンに向かっているときは，一見して遊びに使っているのか勉強に使っているのかわかりにくいので，どのように声をかけたらよいか，と躊躇してしまう。

日本では学校側が一律に利用時間上限を決めたり，夜間利用を禁止したりといった規制になりやすいが，たとえば，コモンセンス・エデュケーション財団のデジタル・シティズンシップ教材では，生活の適切なメディアバランス（ICT をいつ，どんなことに，どれくらい使うか）はみなそれぞれ違うのだから，児童生徒が自分自身でそのバランスを決め，ふりかえって調整するものだ，という思想が貫かれている。

　ゲームや創作活動に没頭したいという気持ちが強くなったときでも，生活にメリハリをつけることや，勉強への悪影響を及ぼさないような工夫をセットにすることで，子どもたちはメンタルの健康を保つことができるし，保護者の側も子ども自身がメディアバランスを保つ工夫をしているとわかれば，いたずらにネット依存懸念をふくらませることもない。

　ここまで述べてきたとおり，ICT 日常化が進むことで単に情報機器やその機能を得ることのみにとどまらず，日常生活に上手に定着させるための知恵として，デジタル・シティズンシップ教育は必要とされているのである。

参考文献

Flowers, Beverly F., & Rakes, Glenda C., Analyses of acceptable use policies regarding the internet in selected K-12 schools, Journal of Research on Computing in Education, 2000, 32（3），351-365

Sauers, Nicholas J. & Richardson, Jayson W. Leading the Pack: Developing Empowering Responsible Use Policies, Journal of Research on Technology in Education, 2010, 51（1），27-42

OECD/PISA, https://www.oecd.org/pisa/（最終閲覧2020年10月1日）

Puentedura, Ruben R., SAMR and TPCK: Intro to Advanced Practice, http://hippasus.com/resources/sweden2010/SAMR_TPCK_IntroToAdvancedPractice.pdf, 2010（最終

閲覧2020年10月 1 日）

Ribble, Mike, *Digital Citizenship in Schools: Nine Elements All Students Should Know*（3rd ed.）, International Society for Technology in Education, 2015

総務省・通信利用動向調査，https://www.soumu.go.jp/johotsusintokei/statistics/statistics05a.html（最終閲覧2020年10月 1 日）

内閣府・消費動向調査，https://www.esri.cao.go.jp/jp/stat/shouhi/shouhi.html（最終閲覧2020年10月 1 日）

第4章

デジタル・
シティズンシップ
教育の実践

◉

今度珠美　林一真

1 | 現行の情報モラル教育実践の課題

　内閣府「令和元年度青少年インターネット利用環境実態調査」によると，小学生の自分専用のスマートフォン所有率は40.1％，中学生では81.8％。その利用内容ではコミュニケーションが小学生女子では43.6％，中学生女子では80.3％となっている。しかし，コミュニケーションツールであるソーシャルメディアの情報には，有益で好意的な内容だけではなく，フェイクニュース，ヘイトスピーチ，セクシュアルハラスメント，差別偏見，いじめ，誹謗中傷につながる情報なども含まれている。また，インターネット上で気軽に発信，意見表明できるようになったことで，小学生でもメディア・メッセージの発信者として社会に影響を与える可能性も出てきた。

　学校現場では，子どもたちが日常的にネット機器を利用することで長時間利用やトラブルにつながらないように情報モラルの授業や講演会等を行っている。文部科学省の情報モラル教育推進事業「情報化社会の新たな問題を考えるための教材」では，情報モラルの判断に必要な要素は，「日常モラル」と「仕組みの理解」であると示されている。日常モラルとは，自分がやりたいことや欲しいものを我慢できるかという「節度」，多くの情報について正しいかどうか判断するための「思慮」，人とコミュニケーションをとるために必要な「思いやり」「礼儀」，情報社会の一員としてのルールを守り正しいことを実行するための「正義」「規範」とある。仕組みの理解とは，「インターネットの特性」，「心理的，身体

的特性」、「機器やサービスの特性」である。

　ところで，情報モラルの授業で学んだように，「思いやり」や「正義」を持って行動できないことがある。それは，子どもたちのデジタルライフにはさまざまなジレンマ（デジタルジレンマ）があるからである。また，日常的な使用を前提とせず，機器やサービスの仕組みを理解することは難しいのではないかと考える。情報モラル教育では，悪い使い方の結果，さらに悪い事態に陥るという事例が題材にされることが多いが，子どもたちがICTの利活用そのものをネガティブな行為と捉えてしまわないかと危惧してしまう。

　ソーシャルメディアがコミュニケーションツール，情報収集ツールとして日常生活に欠かせないものとなっている現在，多くの子どもたちはトラブルなく利用したいと考えている。それでも，現実的なジレンマに遭遇したときや，知識のなさから難しい問題に直面し判断に困ることがある。私たちは子どもを信頼し，日常的でポジティブな活用を前提とし，デジタルジレンマに対処するための具体的方法とスキルを育成していくことが必要なのではないだろうか。現行の情報モラル教育は，子どもを信用せず，ICTの可能性を阻害し，自己で善き判断ができない使い手を育成してきたのではないかと考える。

　このような背景をふまえ，筆者らは，情報モラル教育に代わり，デジタル・シティズンシップ教育を推進することをめざしている。国際教育テクノロジー学会（ISTE）は，生徒（学習者）と教師（授業者）のためのデジタル・シティズンシップ基準を表1のように定めている。この基準では，生徒に対しては，主体的かつ積極的に安全で責任を持った行動をとる能力を求めており，教師に対しては，実践を通じて合法的で倫理

的な行動を示すこと，学習者中心の教育方法を示すこと，グローバルな意識づけを展開し模範となることを求めている。情報モラル教育と比較し，デジタル・シティズンシップ教育が，「オンラインおよびICTの利活用を前提」とし，その環境で安全かつ責任を持って行動する「心情」ではなく「行動するための理由と方法」を主体的に学び，仕組みを理解するだけではなく「情報技術に関連する人的，文化的，社会的諸問題を理解し，法的・倫理的にふるまう」ための「能力とスキル」を育成する教育であることが理解できる。

それでは，具体的にデジタル・シティズンシップ教育はどのように実

表1　国際教育テクノロジー学会（ISTE）生徒，教師のためのデジタル・シティズンシップ基準

生徒（学習者）がすべきこと
・情報技術に関連する人間的，文化的，社会的な問題を理解して，法的，倫理的にふるまうこと。 ・情報や情報技術についての安全で合法的で責任を持った利用法を理解して，実践すること。 ・協働や学習，効率的な制作の向上を手助けする情報技術の利用に対して肯定的な態度をとること。
教師（授業者）がすべきこと
・進化するデジタルな文化のローカルおよびグローバルな社会問題と責任を認識し，実践の中で法的，倫理的にふるまうこと。 ・著作権と知的財産の尊重，情報源の確かな情報と情報技術の安全で合法的，倫理的な使用を推奨し，模範となって教える。 ・適切なデジタル・ツールとリソースへの公平なアクセス環境を用意し，学習者中心の教育方法によってすべての学習者の多様なニーズに対応する。 ・情報技術と情報を利用する際の作法と責任あるコミュニケーションを促し，模範となる。 ・デジタル時代のコミュニケーションやコラボレーション・ツールを用いてさまざまな人や文化に触れる現代の生徒たちを積極的に理解し，グローバルな視点を持ち模範となる。

践するのか。その具体的な実践方法と日本における授業例を説明したい。

2 | コモンセンス・エデュケーションの概要

　まず，デジタル・シティズンシップ教育の教材として著名な米国のコモンセンス・エデュケーション（Common Sense Education）を紹介する。コモンセンス・エデュケーションは，ハーバード大学大学院の研究機関 Project Zero で開発された。コモンセンス・エデュケーションによると，本教材は，2020年上半期に米国の6万以上の学校に勤務する60万人以上の教育者が利用している。校種別のカリキュラムは，デジタル社会で必要とされるスキルと基本的な資質の育成をめざし，そのスキルを確実に実行できるようサポートされている。教材は，幼稚園児から高校3年生までを対象に，デジタルライフで直面する課題と関心に焦点をあて作成されている（画像1）。

　動画教材では，登場人物が良い使い方や良き活用をするための約束を紹介したり，現実的なデジタルジレンマを体験に基づき語ったり対話したりしている。題材は，プライバシーとセキュリティ，長時間利用，いじめなどの問題以外に，人権問題や市民活動，ヘイトスピーチなども扱っている。デジタル・シティズンシップ教育が，単に個人の安全な利用のためだけに学ぶものではなく，ネットという公共空間でのふるまい，作法を学び，「人権と民主主義のための善き社会を構築する市民となるための市民道徳教育」であることが理解できる。

　コモンセンス・エデュケーションは，デジタル社会での市民権に必要

画像1　コモンセンス・エデュケーショントップ画面

な5つの中核的資質をサポートするよう設計されている（表2）。それ
は，「行動する前に考えられる結果を探求し，不快な状況になるかもし
れないことを想定し，一時停止し，行動するかどうかを慎重に検討し，
責任ある倫理的な結論を出す」ための資質である。たとえば，道路を横
断するときに子どもに「止まって，安全確認して，進んで」と教えるの
と同じように，コモンセンス・エデュケーションでは，デジタルライフ
の中で「落ち着いて，スピードを落として，立ち止まって，よく考えて，
ゆっくり行動する」ための方法とその理由を学ぶよう設計されている。
「心情」ではなく「行動のための方法と理由」を学ぶのである。
　コモンセンス・エデュケーションでは，この中核的資質を発達させる
ための行動中の思考ルーチンも提案されている。表3に示したように，
子どもたちは，デジタルジレンマに遭遇した際，思考ルーチンに沿って

表2　デジタル市民権の5つの中核的資質

資質	手順
落ち着いて内省する	今の感情に注意を払う 第一印象を乗り越える 状況が複雑化する可能性を認識する 自分の習慣を定期的に検討する 不安，不快，悲しい，心配な気分に注意する
見通しを探求する	好奇心を持つ 他者の視点について考える 他者の気持ちに気を配る 自身のモラル・倫理・市民としての責任，さまざまな人々の価値や優先順位を考える
事実と根拠を探す	関連する事実を調査し明らかにする 複数の信頼できる情報源から情報を探して評価する さまざまな情報源から根拠を確かめる
可能な行動方針を想定する	可能な行動方針を想定する さまざまな選択肢が自分の考えと目標をどう反映しているか検討する 自分と他者への責任に留意する 考えられる影響を評価する
行動を起こす	積極的かつ生産的だと感じる行動方針を決定する 幸福をサポートするためにデジタル利用の習慣を変更する 必要なときに助けを求める 他者の味方であり支持者になる

スローダウンし，前向きで実現可能な選択を検討する方法を学ぶことができるようになっている。

　この5つの中核的資質と，資質を発達させるための思考ルーチンを応用し，日本の小学校で授業実践する場合，どのような流れになるのか。筆者らは，次のような提案を行った。

　本実践例は，4，5，6年生対象の小学校用と中学校用では，デジタ

表3　行動中の思考ルーチン

感じる ：今の感情を確認します：（ソーシャルメディアの利用で）悲しい，不安，排除，心配，または不快感といった感情を持ちますか（そうでない場合，どの感情があなたの現在の気持ちを最もよく捉えていますか）。

↓

特定 ：その感情につながった原因は何ですか。原因を特定する：それはあなたや他の誰かが言ったことやしたことですか。

↓

反映 ：考えられる対応を検討します：どの行動の選択肢が利用可能ですか。あなたと他の人にとって，その選択肢の利点または欠点は何ですか。

↓

制定 ：あなた自身と他の人々にとって前向きで生産的と感じる方法で行動し，状況に対処するための準備を考えましょう。

　この思考ルーチンは，「スピードを落とす」「異なる視点を考える」「考えられる選択肢と行動の影響を想像する」ことと「行動を実行に移すための準備」をサポートしています。

図1　授業の流れ

導　入
デジタルジレンマの物語を読み，登場人物の困っていること，状況などを書き出す。

展　開
困っている状況に至った原因を考え，その対応を検討する。
多様な価値観に配慮しながら考えた対応や今後の行動の選択肢のメリットとデメリットについて整理する。選択肢のデメリットに対処する方法を議論する。

まとめと振り返り
同じような状況にあった際にその行動や選択が実行可能かを考え，前向きな対処の方法や具体的な準備を考えてまとめる。

ルジレンマを題材に，多様な立場，価値観，利用環境に配慮しながら，前向きで実行可能な対処方法と必要な準備（とその理由）を考える流れとなっている（図1）。また，1，2，3年生対象の小学校用では，コモンセンス・エデュケーションの動画教材を使用した実践例を示し，善

き使い手になるための最初の一歩と言える「インターネットを利用する際の約束」を提案している。日本での実践に合わせ，学級活動での実施を想定した。そして，思考を深められるよう指導案，ワークシート（思考ツール）等も作成している。参考にしていただきたい。

3 │ 授業実践の提案

1. 実践における教育者の役割

　デジタル・シティズンシップでは，多様性へ配慮する「寛容さ」を学んでいく。児童生徒が，他者に配慮し寛容になるための方法を自ら見つけ出せるよう，ICT を児童生徒の文具とし，学習者中心の教育方法を示すことが重要になる。

1．ICT の利活用を前提とすること。

2．学習者中心の教育方法を示すこと。

3．ジレンマ事例の行動や背景となる事情と，児童生徒が検討した行動の選択肢を受容すること。

4．対処の方法と準備，その理由について，児童生徒が自ら考え整理できるようにすること。

5．児童生徒が他者の意見もふまえ，十分話し合い意思決定できるよう配慮し，授業者の考えを押しつけない。

6．人権と民主主義のための情報社会を構築する，善き市民となるための学びであることを意識すること。

2．教育者が子どもや保護者と向き合う際に必要な視点

コモンセンス・エデュケーションでは，子どもや保護者とポジティブに向き合うためのヒントを「ハウツーキット」としてまとめている。前提として，善き使い手となり情報社会を担っていく子どもたちを信頼し敬意を示していることに注目したい。

1．保護者が参加できる宿題を出す（ワークシートに保護者記述欄を設け学びを共有する）。

2．ネット機器を利用する権利には責任が伴うことを自覚させる（インターネットは足跡が残る場所であること，ひとつの発信が社会に影響を与えること）。

3．子どもたちは自分たちが作った動画，写真，音楽，作品に誇りを持っている。その創作活動，意見には敬意を払うこと。そのうえで，他人の創造的な作品を尊重する責任もあることを伝える。違法ダウンロード，カンニング，他人の作品を盗作する行為は間違った行いであることを理解させる。

4．オンラインでのコミュニケーションを否定しない。デジタルメディアの力を過小評価しない。それは，可能性の扉であり，（作法を守って使えば）できることが広がる公共社会であることを意識させる。

5．デジタル人格について考える。子どもたちは，オンラインで別の人格を試したり自分を誇張したりすることがあるが，それは，彼ら彼女らが誰であるか，誰になりたいかを考え出す正常な行為である。しかし，過度にSNSに依存している場合，他の要因が隠れている可能性

（対人不安，家庭不和，友人感のトラブル等）を考え，注意深く見守り，サポートする必要がある。

6．いつでも相談できる大人がそばにいることを伝える。オンラインまたはオフラインで不快な行為に遭遇した際には，信頼できる大人が助けることを伝える。

7．子どもたちの世界を受け入れる。私たちも10代のころには自分だけの世界があり，理解されたいと思っていたように，子どもたちのネット上での楽しみや遊びをポジティブに受け入れる必要がある。子どもたちの楽しみを，コンテンツの消費だけではなく創造性にもつなげられるかどうかは私たちの関わり方次第である。

（出所：「Common Sense Educator How-To Kit」より抜粋し，筆者が加筆しまとめた。）

デジタル・シティズンシップ　小学校指導案 1，2，3 年生用

1．日時　　年　月　日　　第　時限

2．場所　　教室

3．学年　　1，2，3 年生を想定

4．単元名　学級活動「インターネットのやくそく」

5．単元（本時）の目標

　インターネットを活用することで，できることが広がることを知り，安全に利用するために必要な行動と理由を考える。

6．デジタル・シティズンシップ教育としての価値

　本時で使用する動画は，コモンセンス・エデュケーションの幼稚園〜小学校低学年向けの教材動画である。ICT の日常的な創造的利活用を前提とし，児童の利用をポジティブに捉えていることが特徴である。ICT の活用によりできることが広がることを意識させたうえで，安全に適切に利用するための 3 つの約束を考えさせる。「大人に聞いてから使う」「つながる相手は知っている人だけ」「児童が見てもいいところだけを見る」という約束は，「スローダウンして行動する」というデジタル・シティズンシップ教育の基本的な習慣の最初のステップである。

7．本時の展開

	児童の活動	指導上の留意点
導入	1　自分の生活を振り返り，自分で使うことができるスマホやタブレットはあるか，何をすることが多いか，使うときの約束を決めているかについて確認する。	・利用状況には，個人差があることに留意する。

	児童の活動	指導上の留意点
	2　宿題について伝達する。	• 授業後に，本時で学んだことを家の人に伝え，話し合い，ワークシートに感想を書いてもらう宿題を出すことを伝える。
展開	3　動画を視聴（2分28秒まで）し，登場人物の行動を読み取る。 (1)　主人公の使い方を思い出して考える。 〈予想される意見〉 •「使っていい？」と聞いてから使っていた。 • 写真を撮って作品を作ってコレクションにしていた。 • インターネットでつながる人は知っている人だけだった。 • 勉強のページを見て調べていた。	〈動画リンク〉 https://youtu.be/HASA0kwfRmA • 登場人物の行動を理解するために，使い方の良い点を考えるようにする。
	(2)　主人公の使い方をもとに良い使い方について考えよう。	• 動画の主人公はPCを主に学びや創造活動に使っていることに注目させたい。勉強の調べ物や祖母とのオンライン連絡などにも使っている。
	4　動画の後半を視聴（2分29秒から3分31秒まで）し，3つの約束とはどのような約束だったか振り返り，なぜその約束をする必要があるのかを考える。 〈予想される意見〉 • 大人に聞いてから使う。 • 話す相手は知っている人だけ。 • 児童が見てもいいところだけを見る。	• 良い使い方や約束について考えワークシートに記入するように伝える。 • 教師が良い使い方を押しつけることはしない。 • 3つの約束が必要な理由を考えさせ，約束を守って使うことの大切さを感じさせる展開にする。

	児童の活動	指導上の留意点
まとめと振り返り	**5** 自分の約束を考えて書く。	• 「悪いことが起きるから規則を守らなければいけない」ではなく「約束を守って良い使い方をすることでもっと楽しく安全に使うことができる」ことを感じられるようにする。
	6 学んだことを家族に伝え，家族に感想を書いてもらう。	• 宿題を通して，家庭と学びを共有する機会を作る。ワークシートは後日提出する。

インターネットのやくそく

年　　組　　番　名前
<ruby>年<rt>ねん</rt></ruby>　　<ruby>組<rt>くみ</rt></ruby>　　<ruby>番<rt>ばん</rt></ruby>　<ruby>名前<rt>なまえ</rt></ruby>

① どのようなよいつかい<ruby>方<rt>かた</rt></ruby>をしていますか。

② つかうときのやくそくを<ruby>書<rt>か</rt></ruby>きましょう。

③ <ruby>家<rt>いえ</rt></ruby>の<ruby>人<rt>ひと</rt></ruby>に<ruby>感想<rt>かんそう</rt></ruby>を<ruby>書<rt>か</rt></ruby>いてもらいましょう。

デジタル・シティズンシップ　小学校指導案4，5，6年生用

1. **日時**　　年　月　日　　第　時限
2. **場所**　　教室
3. **学年**　　4，5，6学年を想定
4. **単元名**　学級活動「困ったそのとき，次の行動を考えよう（オンラインゲーム編）」
5. **単元（本時）の目標**

　ジレンマの要因を捉え，そのジレンマを前向きに解決する方法と，その理由について考えを深める。友だちとの考え方や解決の仕方の違いをふまえ，それぞれの立場に配慮した解決策，選択肢を判断できるようになる。

〈事例〉

　カズマさんは，オンラインゲームでよく遊んでいます。

　ある日，お母さんが，学校で「オンラインゲームの年齢区分」についての話を聞いてきました。帰宅したお母さんは，カズマさんのゲームを調べ，それが15歳以上を対象としたものであることを知りました。

　そこで，お母さんは，カズマさんに「カズマさんの遊んでいるゲームは，15歳以上が対象だから，お母さんは，これからは遊ばないでほしいと思っている。カズマさんは，最近，ゲームの利用時間も増えているし，課金したいとも言っていたけれど，15歳以上を対象としたゲームの中には，長時間の利用を想定していたり，高額な課金につながったりするものも多いと聞いた。お母さんは，カズマさんに安全にゲームを利用してほしいので，今後の利用について考えて」と話しました。

そこで，カズマさんは，その日にゲームで遊ぶ予定だった友だちに「このゲームではもう遊べないかも」と話しました。すると友だちは，カズマさんに「ゲームのステージをここまで一緒に上がってきたのに，もうできなくなる」と話しました。カズマさんは，考え込んでしまいました。

6．指導計画（全1時間）

- 困ったそのとき，次の行動を考えよう（オンラインゲーム編）……本時

7．デジタル・シティズンシップ教育としての価値

オンラインゲームで困ったときの対処方法を単に学ぶのではなく，多様な立場に立って話し合い，困ったときに自分ごととして前向きに行動するための方法と，その理由について考えを深めることで，さまざまな視点から物事を見つめ，判断することが大事であることを学ぶ。

※ワークシートは思考ツールを利用したものと，すべて自由に記述するものと2種類ある。児童の理解に合わせどちらかを選び実践する。

8．本時の展開

	児童の活動	留意点
導入	1　オンラインゲームがどのようなものか概要を知る。	• 事前に児童にオンラインゲームについてのアンケートに答えてもらい，その結果を紹介することで，オンラインゲームの概要をつかめるようにする。
展開	2　事例を聞き，カズマさんが困っていること（悩んでいること）を確認する。	• 教師から事例を紹介した後，「カズマさんが今，思っていることは何だろうか」と児童に問いかける。

児童の活動	留意点
〈予想される意見〉 ・なんで年齢制限のあるゲームをしてはいけないのか。 ・みんなは遊んでいる。自分だけそのゲームができなくなるのは嫌だ。 ・遊ばないと，友だちにおいていかれそうだ。 ・お母さんから一方的に言われた。話し合うと言っていたが，禁止になるに決まっている。	・全体で意見を交わすことで，カズマさんがどんなことに困っていたり，悩んでいたりするのか（どんなジレンマが生じているのか）を確認する。
3　カズマさんが困っていること（悩んでいること）を解消するための実現可能な行動を考える。 (1)　考える視点を確認する。 (2)　実現可能な行動を考える。 〈予想される意見〉 ・年齢的には，だめだけれど，お母さんの見守る中で，時間を決めてキリがいいところまでしたらやめるといいのではないか（ただし，長い時間できない。お母さんに見られていると楽しめない）。	・カズマさんが困っていること・悩んでいること（ジレンマ）を解消するための実現可能な行動を「カズマさん」「お母さん」「友だち」のそれぞれの立場に立って考える。以下の3つの視点を考える。 ①なぜ年齢制限は決められているのか ②お母さんは何を心配しているのか ③自分が友だちならどのように行動するか ・自分ごととして，前向きな行動を考えられるように声がけをする。 ・ワークシートを使って，考えをまとめていくことを伝える。 ・はじめに，自分の考えをまとめ，次に，班で意見交流する流れとする。 ・その際，それぞれの意見にはデメリットや異なる意見も出てくることが予想されるが，さまざまな意見に対処するためにさらに話し合うよう伝える。

	児童の活動	留意点
	• 友だちにお母さんに使わせないと言われたからもう使わないとはっきり伝える（この場合，話題についていけなくなり，仲間外れになるかもしれない）。 • 友だち同士で，年齢制限のゲームはやめようと話し合う（わかってくれない友人もいるかもしれない）。 • 年齢制限のゲームをすることがなぜいけないのか，お母さんと話し合って禁止するのを止める（やはり許してもらえないかもしれない）。	
まとめと振り返り	**4　各グループの発表を聞き，本時の自分の取り組みを振り返る。** 〈**予想される意見**〉 • ルールを守って行動することは大事だし，年齢対象外のゲームをやっていて，自分にとって嫌なことがあるといけないので，年齢の範囲内のゲームで遊んだり，ゲーム以外で遊ぶようにしたりしたい。 • 友だちとの関係は壊したくないので，友だちにゲームができないことを伝えるけれど，それ以外で遊ぼうとはっきり伝えたい。友だちからも「いいよ」「そうしていこう」という前向きな言葉をもらえると安心する。	• 自分なら具体的にどのような行動をしたいか，最終の考えをワークシートにまとめ，本時の学びを振り返ることができるようにする。 • 約束は，自分1人で守ることが難しいしジレンマも生まれる。さまざまな視点や立場に立って考えることで，前向きで実現可能な行動に結びつけることができる。

児童の活動	留意点
• ゲームをすることを認めてもらいたいので，お母さんには，年齢に合うゲームをすることを伝え，ゲームをすること自体は認めてもらえるようにする。今後，新しいゲームをするときには，家の人に確認してもらい，やってよいゲームかを判断してもらうようにする。	

オンラインゲームに関するアンケート

年　　組　　番　名前

オンラインゲームについての質問に答えてください。

①これまでに，オンラインゲーム（インターネットを利用したゲーム）をしたことがありますか。

　　ある　／　ない

②週に，だいたい何日遊んでいますか？

　　1週間に（　　　　　）日くらい

③どのようなオンラインゲームでよく遊んでいますか。

ゲーム名		
ゲームの内容		

④誰と一緒によく遊んでいますか？

　　ア：家族　　　イ：友だち　　　ウ：ゲームの中の知らない人

⑤オンラインゲームの楽しい（面白い）と思うところを3つ教えてください。

❶	
❷	
❸	

⑥おうちの人は，あなたのオンラインゲームのことをどのくらい知っていますか。

　　ア　ゲームの内容まで知り，誰と一緒に遊んでいるかを知っている。
　　イ　ゲームの内容は知っているが，誰と一緒に遊んでいるかまでは知らない。
　　ウ　オンラインゲームで遊んでいることは知っているが内容までは知らない。
　　エ　オンラインゲームで遊んでいることを知らない。

⑦オンラインゲームをしていて，当てはまることに○を付けてください。

　　ア　クラスの友人と時間を待ち合わせて遊ぶことがよくある。
　　イ　ゲームで遊んでいるとき，イライラしたり不安になることがある。
　　ウ　時間を決めていてもゲームを途中でやめられないことがよくある。
　　エ　布団の中に持ちこんで遊ぶことがよくある。
　　オ　勉強中でもゲームのことが気になることがよくある。

ワークシート 1

困ったそのとき，次の行動を考えよう

年　　組　　番　名前 _____

①チャート

| もし〜なら | こんな行動が考えられる | その理由 |

もし
年齢制限のゲームを
するなら

もし
友だちとの関係を
保つなら

もし
お母さんとゲームに
ついて話し合うなら

②カズマさんが困っていること（悩んでいること）を解決するためには，「お母さん
に対して」「友だちに対して」これからどのような行動をするとよいか，理由も
合わせて書きましょう。

③家の人に感想を書いてもらいましょう。

困ったそのとき，次の行動を考えよう

年　　組　　番 名前 _____

①カズマさんが思っている気持ちを書きましょう。

```
┌─────────────────────────────────────┐
│                                     │
│                                     │
│                                     │
│                                     │
└─────────────────────────────────────┘
```

②カズマさんが困っていること（悩んでいること）を解決するためには，「お母さんに対して」「友だちに対して」どのように行動するかを考える必要があります。これからどのような行動をするとよいか，理由も合わせて書きましょう。

```
┌─────────────────────────────────────┐
│ 〈お母さんに対して〉                    │
│                                     │
│                                     │
│ 〈友だちに対して〉                      │
│                                     │
│                                     │
└─────────────────────────────────────┘
```

③今日の学習で考えたこと，学んだことをまとめましょう。

```
┌─────────────────────────────────────┐
│                                     │
│                                     │
│                                     │
│                                     │
└─────────────────────────────────────┘
```

④家の人に感想を書いてもらいましょう。

```
┌─────────────────────────────────────┐
│                                     │
│                                     │
│                                     │
└─────────────────────────────────────┘
```

デジタル・シティズンシップ　中学校指導案

1. **日時**　　　年　月　日　　第　時限
2. **場所**　　教室
3. **学年**　　中学校1，2，3年生を想定
4. **単元名**　学級活動「写真投稿アプリと友だち」
5. **単元（本時）の目標**

　ジレンマの要因をさまざまな視点から考え，多様な立場に立って話し合い，自分ごととして前向きに行動するための方法と，その理由について考えを深める。メリット，デメリットの視点から選択肢を検討し，判断，行動できるようになる。

〈**事例**〉

　タマミさんは，仲良しの友だち3人と写真投稿アプリを利用し，毎日投稿している。友だちは，きれいな風景写真や趣味の写真などを頻繁に投稿し，「いいね」という賛同のマークやコメントをたくさんもらっている。タマミさんは，毎日何を投稿したらいいか悩んでいる。投稿するために流行の物を買ったりお菓子を作ったりしているが，「いいね」やコメントなどの反応が気になりアプリの通知を何度も確認してしまう。友人の投稿を毎日チェックしてコメントなどで応答するのも，日々の負担になっている。タマミさんは，アプリの利用をしばらく休みたいという気持ちが高まっている。しかし，仲良しの友だちとのSNS上でのつながりやつきあいは断つことができず言い出せない。勉強中も，アプリの通知が気になり集中できなくなってきた。タマミさんは，これからもアプリを使い続けなければいけないのかと考え込んでいる。

6．指導計画（全1時間）

- 写真投稿アプリと友だち…本時

7．デジタル・シティズンシップ教育としての価値

　写真投稿アプリの特徴と価値観の違いをふまえて，多角的な視点を持って課題に前向きに対処する方法を考えることができる。異なる意見によって生じる誤解や行き違いを整理し，合意できる方法を提案できる。

8．本時の展開

	児童の活動	留意点
導入	1　写真投稿アプリとはどのようなものか聞く。利用しているかを聞く。	• 端末やアプリの知識や利用には個人差があることに留意する。
展開	2　事例を読み内容を確認する。	
	3　タマミさんの悩み（困っていること）を書き出す。 〈予想される意見〉 • 写真投稿する内容に困っている。 •「いいね」やコメント，通知が気になっている。 • 友人の投稿に反応するのが負担になっている。 • 利用を休みたいが友人とつながっているから簡単にやめられない。 • 勉強中も気になって集中できない。	• タマミさんの悩み（困っていること）を書き出すことで，登場人物のジレンマを整理する。
	4　悩みを解決する方法を考える。 〈予想される意見〉 • 友人に写真投稿をしばらく休むと伝える。 • 友人に何も言わないで徐々に離れる。	• 悩みを解決する方法と，それを実行した際の良い点と悪い点を整理する。 • 班に分かれ話し合う。 • タマミさんの視点，友だちの視点になって検討するよう伝える。

児童の活動	留意点
・そのまま無理のない程度にアプリ利用を続ける。 ・他の友人に相談する。	
5 それぞれの悩みを解決する方法について，実行した際の良い点と悪い点について話し合う。 〈予想される意見〉 ・友人に正直に話したら利用を休める。しかし友人を怒らせるかもしれない。 ・何も言わないで離れたら気が楽だけれど心配させるかも。反応がないのはなぜかと思われるかもしれない。 ・そのまま続ければ友人との関係は保てるが自分はつらい。 ・他の友人に相談しても状況は変わらないかも。当の友人に周りから伝わったら困る。	・議論の際は，タマミさんのジレンマの元になっている投稿アプリの特徴にも目を向けさせる（投稿には「いいね」やコメントなどの反応があること，反応が見えること。比較できること。利用状況や反応や通知が気になるかならないかは個人差があることなど）。
6 悪い点に対処する方法を検討する。 〈予想される意見〉 ・友人に，アプリに投稿するネタがあまりないから見るだけにするねと伝える（これなら自分の投稿への負担は減る）。 ・スマホの利用時間が決まっているから反応できないときがあることを伝える（反応がなくても気にしないでと言いやすい）。 ・アプリの反応に気づくのが遅いことを正直に話す（アプリの通知を気にするかどうかは個人個人異なることを理解する）。	・悪い点の対処を検討する際は，前向きな方法で実行可能かどうかを考えて議論を深める。 ・人によってさまざまな価値観，利用状況，捉え方がある中で，アプリと上手につきあうためにはどのようにまわりと折り合いをつけていくのか議論し，考えをまとめる。

	児童の活動	留意点
	• 投稿以外のつながりや面白さを再認識する（アプリの利用がなくてもつながれるのが友だち）。	
まとめと振り返り	**7** 授業を振り返り，考えを整理する。	

写真投稿アプリと友だち

年　　組　　番　名前

問1　タマミさんの悩み（困っていること）を書き出しましょう。

問2　タマミさんの悩み（困っていること）を解決するための方法を書き出し，それを実行した際の良い点と悪い点を書きましょう。悪い点を解決する方法も検討しましょう。

悩み（困っていること）を解決する方法

その方法を実行した際の良い点　　　　　　　　悪い点

悪い点を解決するための前向きな方法

問3　ここまでの話し合いを振り返り意見をまとめましょう。

4 | 保護者への提案

　コモンセンス・エデュケーションでは，保護者へ提案もしている。日本でも参考になるアドバイスであるが，米国ではこれらの提案が学校ではなく，「家庭でするべきこと」として示されていることにも注目したい。また，英語表記で「ルール」という言葉が出てくるが，日本での「ルール」は「規則」という意味合いで使われるのに対し，米国では「守るべき約束」という意味合いが強いので，ここでは「約束」と訳している。

　また，日本では，ネット機器の「利用時間」をルールとして決めることが多いが，デジタル・シティズンシップ教育では時間ではなく行動と結びつけ，「何をしているときは使わないか」と「生活の中での優先順位」を考える。

　注目すべきは，メディアバランスを整えるためにはコミュニケーションが重要であると示していることである。デジタル・シティズンシップの約束では，情報モラルにありがちな「守りにくいルール」で子どもに負荷をかけることはしない。約束が守れなくても子どもを責めない。バランスのとれたメディア生活を送るには，「保護者は子どもを信頼し関心を持って見守ること」，「非スクリーンでの（文化的，身体的な）体験と家庭内でのコミュニケーションを持つこと」が重要であると伝えている。

　保護者のなすべき役割と，自己管理できる善き使い手になるために必

要な約束をぜひ参考にしていただきたい。

> ## 「子どもたちのメディア生活のバランスを整える」
>
> 　携帯電話やタブレット，映画や YouTube のストリーミングまで，テクノロジーやメディアはどこにでもあります。子どもたちは，コンテンツやゲーム，情報に，望んだときにいつでも簡単にアクセスすることができます。保護者は，子どもたちが外出先でも（端末などの利用で）学習できることを利点と感じています。しかし，メッセージが途切れず，エピソードが次々に自動的に再生されるとつい使いすぎてしまいがちです。家庭においては，いくつかの簡単な習慣を実行することで，メディアやテクノロジーの過剰な使用を抑制することができます。
>
> ### 1．インターネットを（学習以外に）使わない時間と場所を作る
>
> 　寝室，勉強時間，夕食時などにインターネットを使う時間を制限することで，子どもたちがデジタル端末から離れられるようにします。
>
> ### 2．ペアレンタルコントロール（機器の機能制限）を行う
>
> 　家族にとって納得のいくコンテンツ制限を設定しましょう。健康的なメディア習慣についての会話と並行して，コンテンツフィルタリング，プライバシー設定，家族が利用するアプリやプラットフォームの時間制限などの機能を利用してメディアへのアクセスや露出を管理しましょう。
>
> ### 3．家族の約束を明確にする
>
> 　どのようなメディアや技術を使用してもよいか，いつ使用してもよいかを一緒に決めましょう。家庭内のメディア計画は，全員の意見を一致させておきます。
>
> ### 4．一緒に見て遊ぶ
>
> 　子どもと一緒に楽しめるように，年齢に合った質の高いメディアを選びましょう。
>
> ### 5．子どもがさまざまな健康的な体験を知ることができる機会を作る
>
> 　スクリーンと非スクリーンの活動の中で，身体的，感覚的，文化的な体験ができる機会を作りましょう。

参考文献

Common Sense Education （2019年更新） https://www.commonsense.org/education/
（最終閲覧2020年 8 月 1 日）

Common Sense Education Help Kids Balance Their Media Lives https://dle2bohyu2u2w
9.cloudfront.net/education/sites/default/files/grades_k-5_family_tips-media_
balance_well-being-english.pdf（最終閲覧2020年 8 月 1 日）

International Society for Technology in Education（ISTE）（2016年版）https://www.d15.
org/cms/lib/IL01904836/Centricity/Domain/464/ISTE%20Standards%20for%20
Students.pdf（最終閲覧2020年 8 月 1 日）

今度珠美・坂本旬・豊福晋平・芳賀高洋「アメリカのデジタル・シティズンシップ教育教
材の検討と日本における学習実践の可能性についての研究」『日本教育工学会研究報告
集』19(5), 27-32, 2019年

黒上晴夫『思考ツールでつくる考える道徳』小学館, 2019年

内閣府『令和元年度青少年のインターネット利用環境実態調査』2020年　https://www8.
cao.go.jp/youth/youth-harm/chousa/net-jittai_list.html（最終閲覧2020年 9 月15日）

文部科学省委託情報モラル教育推進事業「情報モラルに関する指導の充実に資する調査研
究」『情報化社会の新たな問題を考えるための教材～安全なインターネットの使い方を
考える～指導の手引』エフ・エー・ブイ, 2016年

（注）Common Sense Education で公開されている動画および Help Kids Balance Their
Media Lives PDF は Common Sense Media に CC BY-NC-ND4.0でライセンスされてい
る。Lessons are shareable with attribution for noncommercial use only. No remixing
permitted.

坂本　旬（さかもと　じゅん）
法政大学キャリアデザイン学部教授
主要著作
『デジタル・キッズ──ネット社会の子育て』（旬報社，2007年）
『メディア情報教育学──異文化対話のリテラシー』（法政大学出版局，2014年）
『大学における多文化体験学習への挑戦──学生の深い振り返りと学びの可視化に向けて』
（共著，ナカニシヤ出版，2018年）

芳賀高洋（はが　たかひろ）
岐阜聖徳学園大学教育学部准教授
主要著作
「中学校技術・家庭科における情報倫理教育の実践」（共著，『電子情報通信学会技術研究
報告』99（646），2000年）
「初等・中等教育の『情報モラル教育』のあり方を再考する──『情報安全リテラシー』
教育と倫理・哲学教育の再整理」（共著，『電子情報通信学会技術研究報告』114（244），
2014年）
「情報モラル教育からデジタル・シティズンシップ教育へ──情報モラル概説」（共著，
『メディア情報リテラシー研究』1（2），2020年）

豊福晋平（とよふく　しんぺい）
国際大学グローバル・コミュニケーション・センター准教授・主幹研究員
主要著作
『自ら語れば学校はもっと愛される──学校広報の視点から学校ホームページを考える』
（PLANXUS，2016年）
『子どもの未来と情報社会の教育』（共著，国際大学グローバル・コミュニケーション・セ
ンター，2016年）
『小学校の先生のための Why!? プログラミング授業活用ガイド』（共著，日経BP，2018年）

今度珠美（いまど　たまみ）
鳥取県デジタル・シティズンシップエデュケーター／国際大学グローバル・コミュニケー
ション・センター客員研究員
主要著作
『スマホ世代の子どものための主体的・対話的で深い学びにむかう情報モラルの授業』（共
著，日本標準，2017年）
『スマホ世代の子どものための情報活用能力を育む情報モラルの授業2.0』（共著，日本標
準，2019年）
「アメリカのデジタル・シティズンシップ教育教材の検討と日本における学習実践の可能
性についての研究」（共著，『日本教育工学会研究報告集』19（5），2019年）

林　一真（はやし　かずま）
名古屋市立大坪小学校教諭
主要著作
『実践から学ぶ　総合的な学習の時間の指導と授業づくり』（共著，ジダイ社，2019年）

装幀　古村奈々＋Zapping Studio

デジタル・シティズンシップ
——コンピュータ1人1台時代の善き使い手をめざす学び

2020年12月15日　第1刷発行　　　　定価はカバーに
2022年10月15日　第5刷発行　　　　表示してあります

著　者　　　　坂本　旬・芳賀高洋
　　　　　　　豊福晋平・今度珠美
　　　　　　　林　一真

発行者　　　　中　川　　進

〒113-0033　東京都文京区本郷2-27-16

発行所　株式会社　大　月　書　店　　印刷　太平印刷社
　　　　　　　　　　　　　　　　　　製本　中永製本

電話（代表）03-3813-4651　FAX 03-3813-4656　振替00130-7-16387
http://www.otsukishoten.co.jp/

©Sakamoto, Haga, Toyofuku, Imado & Hayashi 2020

本書の内容の一部あるいは全部を無断で複写複製（コピー）することは法
律で認められた場合を除き，著作者および出版社の権利の侵害となります
ので，その場合にはあらかじめ小社あて許諾を求めてください

ISBN978-4-272-41259-4　C0037　　　Printed in Japan

2022年スタートの高校社会科・新科目
具体的な授業プランや授業づくりのヒントを提案

各定価［本体 3,000 円＋税］